真正的教育在游戏中

让孩子玩出
表达力 和 社交力

[美] 苏珊娜·M.温德 著

唐 迪 译

朝華出版社
BLOSSOM PRESS

著作权合同登记号　图字：01-2018-0593号

图书在版编目（CIP）数据

让孩子玩出表达力和社交力 /（美）苏珊娜·M.温德
著；唐迪译. -- 北京 ：朝华出版社，2018.5
（真正的教育在游戏中）
书名原文：THE SMART PLAYBOOK:Game-changing
Life Skills For A Modern World
ISBN 978-7-5054-4223-8

Ⅰ. ①让… Ⅱ. ①苏… ②唐… Ⅲ. ①亲子教育
Ⅳ. ①G781

中国版本图书馆CIP数据核字(2018)第019369号

真正的教育在游戏中： 让孩子玩出表达力和社交力

作　　　者　（美）苏珊娜·M.温德
译　　　者　唐　迪
选题策划　赵　曼
责任编辑　赵　曼
责任印制　张文东　陆竞赢
封面设计　孙艳艳　刘新岭

出版发行　朝华出版社
社　　　址　北京市西城区百万庄大街24号　　　　邮政编码　100037
订购电话　（010）68413840　68996050
传　　　真　（010）88415258（发行部）
联系版权　j-yn@163.com
网　　　址　http://zhcb.cipg.org.cn
印　　　刷　北京文昌阁彩色印刷有限责任公司
经　　　销　全国新华书店
开　　　本　710mm×1000mm　1/16　　　　字　　数　180千字
印　　　张　10.5
版　　　次　2018年5月第1版　2018年5月第1次印刷
装　　　别　平
书　　　号　ISBN 978-7-5054-4223-8
定　　　价　45.00元

口碑与获奖

获得由家庭生活媒体颁发的"妈妈选择奖",该奖系产品与服务方面的最高奖项。

荣获著名的"2014年《创新儿童杂志》年度图书奖",该杂志是最权威的儿童教育出版物之一。

多次获得《玩具人新闻与评论》颁发的奖项,"玩具人"是国际认可的产品和服务独立评价机构。

玩具人优秀奖

玩具人STEM(科学、技术、工程、数学)奖

玩具人选择奖

玩具人妈妈喜爱奖

获"爸爸先生"的盖章认可,得到美国这一具有强大公信力的强调父亲角色的权威组织的支持。

我真的很喜欢这本书的理念,家长们可以确保自己的孩子通过有趣的体验,能在至关重要的社交技能上得到发展。书中的信息是有用的,表达是完美的。

——安德里亚·阿奇博尔德 博士,儿童心理学家兼美国女童子军首席专家

众所周知,最重要的生活经验都是在家里学到的。这本书中有一个很棒的家庭计划,集学习和巩固至关重要的趣味生活技能、社交技能于一身。

——安妮塔·库利克 育儿社区总裁兼执行官

苏珊娜·M.温德写的这本益智游戏书，就是扮演了这样一个神奇的角色——以一种非常讨孩子们喜欢的方式，非常全面系统地教孩子学习现实生活中的礼仪和实践技能。

——吉尔　魔法学校的妈妈

这是一本有趣且令人着迷的社交技能实践指南，能有效地帮助到很多孩子和家庭。

——凯伦·贝克曼　加州大学河滨分校儿科学教授

感谢：

　　谨以此书献给我的家人。献给我的祖母、祖父，他们是我见过最善社交、最优雅的人；献给我的母亲和父亲，他们抚养我长大，教我礼仪，总是提醒我尊重生活中不成文的小规则。感谢我的儿子查理和尼基，书中的运动主题和人物设计都要归功于他们。还有我的小安妮，启发了我设计书末那顶皇冠。最后，要感谢查德一直以来对这本益智游戏书的支持，我爱你。

目 录

致教练（也就是你，父母们！）... 1

游戏玩家介绍 3

玩家与教练签订益智合同 4

开始游戏吧 5

游戏计划 #1：基础社交技能 7

第一印象 /8
打电话的技巧 /16
主客之道 /19
遵守承诺 /23
良好的体育精神 /25
复习社交好行为 /27
一起来练习！/28
游戏挑战的答案 /33
奖券积分排行榜 /35
感恩练习 /37

游戏计划 #2：餐桌礼仪 39

餐桌布置 /40
餐前准备 /44
餐具使用游戏 /46
复习餐桌礼仪好行为 /54
一起来练习！/55
游戏挑战的答案 /64
奖券积分排行榜 /66
餐桌布置排排队 /69
正式晚宴餐桌布置排排队 /70

游戏计划 #3：说话的艺术 71

使用神奇词汇 /72
介绍大家相互认识 /73
身体语言和语音语调 /75
对话的基本常识 /79
对话实战演练 /86
复习交流的好行为 /90

一起来练习！ /91

游戏挑战的答案 /96

奖券积分排行榜 /98

DIY 对话卡片 /101

游戏计划 #4：餐厅举止 **103**

注意自己的衣着 /104

餐厅里的工作人员分别是做什么的 /107

1 对 1 点单 /109

有挑战的食物 /113

餐厅礼仪 /116

复习餐厅举止好行为 /119

一起来练习 !/120

游戏挑战的答案 /125

奖券积分排行榜 /127

解密着装密码 /129

游戏计划 #5：网络交流 **131**

网络安全基础 /132

拒绝网络欺凌 /136

网络交流基本知识 /138

平衡好上网时间 /146

复习使用网络的好行为 /147

一起来练习！ /148

游戏挑战的答案 /154

奖券积分排行榜 /156

我的电子产品使用条约 /159

⟹ 致教练（也就是你，父母们！）

　　这本社交游戏书是由一位有三个孩子的妈妈完成的，这是一个几乎不可能完成的任务：给每个家庭提供一个简单又高效的游戏计划，传授他们现代社交技能。在这个快节奏、高科技的社会，传授社交技巧和礼仪，说起来容易，操作起来很难。我们如何能让孩子从基础做起，又不花费我们太多时间呢？

　　解决办法：这本书风格平易近人，游戏丰富，可以让家长和孩子一起将礼仪传承下去。孩子是玩家，本书是指南，你是教练，生活是裁判。

5 种社交主题帮助孩子在生活中游刃有余：

❖ 基础社交技能——现代生活的原则
❖ 餐桌礼仪——用餐礼仪指南
❖ 说话的艺术——有说服力的面对面交流技巧
❖ 餐厅举止——餐厅举止的细节
❖ 网络用语——网络安全和做有责任的网络使用者

　　好处：书中的方法，可以帮助孩子增强自信心，形成良好的品格，养成诚实的品质，在面对面交流时具有同理心，懂得正确进行网络交流。

如何使用：填写益智合同（它可以激励孩子完成这些课程）。当孩子完成游戏挑战，他／她赢得奖券，而奖品就由你说了算。作为教练，你的任务是鼓励孩子学习课程、接受挑战。全家玩游戏时多多奖励孩子奖券！

结果：培养出一个能在现代生活中茁壮成长的快乐自信的孩子。

⇨ 游戏玩家介绍

亲爱的游戏玩家：

长大是件很棒的事，但是大人们也会对你有更高的期待。如果你知道如何跟人打交道，长大这件事就容易很多。

掌握社交技能和礼仪，是交友、获得大人们的尊重并提升自信心的关键。如果能知道详细的规则该有多好。

这本书是你的常识指南。通过游戏和挑战，你将提升自己的表达能力，学会如何处理各类人际关系状况。游戏结束时，你会看起来像一位明星玩家！

玩得愉快，祝你好运！

苏珊娜·M.温德（作者）

游戏开始

准备好开始游戏了吗？

接受挑战？把书翻到下一页，填写益智合同。然后就可以开始赚奖券、赢奖品了。准备好就开始吧！

玩家与教练签订益智合同

这是一张你和爸爸妈妈之间的协议。这是一次双赢的机会，通过学习"游戏改变生活"的技能，你可以获得一份很酷的奖品。

你可能会问，什么是双赢局面？它是说你既可以通过玩游戏轻松简单地学习社交规则，还能收获超级酷的奖品（你自己选择的奖品）。请在开始挑战前把它填写好。

日期：_____

本人 _____ 同意认真完成本书中的游戏。

（1）我保证会从每次学到的新东西里挑选一项跟家人分享。

（2）我保证会分享许多游戏和活动，这样家人之间可以一起实践现代社交礼仪和技巧。

（3）每次我完成一个游戏，可以获得一张奖券。父母答应我会奖励以下这些奖品（确定好你需要赢得奖券的张数）：

_____

_____

（4）完成整本书中的游戏后，我除了成为一位明星玩家，父母同意奖励我以下这些奖品：

_____

_____

祝你玩游戏好运！

玩家（孩子）签名：　　　　教练（家长）签名：

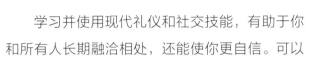

开始游戏吧

目标：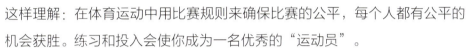

    学习并使用现代礼仪和社交技能，有助于你和所有人长期融洽相处，还能使你更自信。可以这样理解：在体育运动中用比赛规则来确保比赛的公平，每个人都有公平的机会获胜。练习和投入会使你成为一名优秀的"运动员"。

    练习和投入有助于你学习社交技能，赢得人生中最好的一张黄金奖券。

社交技能要求：

    这本游戏书有 5 大益智游戏板块：基础社交技能，餐桌礼仪，说话的艺术，餐厅举止，网络交流。

需要配备：

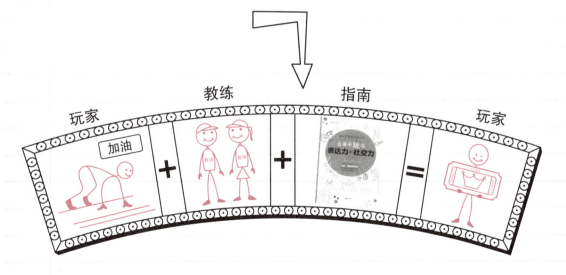

怎么赢得游戏：

❖ 仔细阅读游戏规则！

❖ 注意犯规者。

❖ 学习和赢得游戏奖券。每一次挑战游戏都有一张奖券，计算你可以赢得多少张。完成多次的游戏挑战，可以获得额外的奖券。

❖ 学习游戏获胜攻略。

❖ 游戏开始—— 练习！

加油！

　　生活是你的裁判，你学得越多，获得的奖券越多，奖励就越大，请填写奖券计分板。祝你玩得愉快！

游戏计划 #1：基础社交技能

目标：

　　基础社交技能教会你日常规则，让生活变得更简单。学习如何做出好的选择，以及在不同场合表现得行为得体、有礼貌。

玩家任务：

✢ 第一印象
✢ 打电话技巧
✢ 主客之道
✢ 承诺
✢ 良好的体育精神

需要配备：

✢ 你
✢ 一起玩游戏的父母或兄弟姐妹、朋友

游戏指南：

✢ 接受挑战
✢ 在完成挑战、游戏结束后，请一位大人在计分板上打钩
✢ 结算奖券，跟教练（你的父母）兑换之前选择好的游戏奖品

游戏券目标：－－－－－－－－－－－－－－－－－－－－－－－

游 戏 奖 品：－－－－－－－－－－－－－－－－－－－－－－－

第一印象

　　第一印象就是别人第一次见到你时对你的感觉。第一次见面可能是你第一次去一位新朋友家，和他的家人见面，或是第一天上学遇到老师。能否给别人留下一个好印象取决于你的表现，尤其是你展现自我和交流的方式。你只有一次机会给别人留下第一个好印象，祝你成功！

> 懂礼貌会让你给别人留下一个好印象。

规则破坏者

❖ **不做**：一个小男孩第一次去他的玩伴家里聚会。他冲进屋子，没有问好。从他嘴里说出的第一句话是："我要毁灭它。"他留在那儿吃晚饭，在餐桌上打嗝儿、尖叫。他给这家人留下了一个怎样的第一印象呢？你认为这个玩伴的父母还会希望他再来玩吗？大概不会吧，对吗？

游戏挑战 #1：你可以想出5种给别人留下好的第一印象的游戏吗？

1.
2.
3.
4.
5.

礼貌和尊重

什么是礼貌和尊重？礼貌是一个人彬彬有礼，对他人尊重，做事、说话考虑周全。这能让别人感受到你很关心他们。礼貌对待他人，会让对方感觉你很在意他们，同时显得你十分诚实正直。诚实正直是一种品质，传达给别人的是："我是诚实的，并对自己有很高的标准。"提醒自己懂礼貌和尊重别人的最佳方式是遵守"黄金规则"！黄金规则就是："对待别人的方式，就像你希望别人对待你的一样。"做智慧的选择，懂礼貌，尊重所有人。

> 黄金规则：对待别人的方式，就像你希望别人对待你的一样。

最讲礼貌的游戏"你先请"

❖ 开门。如果你和朋友一起走，你们经过一扇门，可以请他先行，并说："你先请。"为老人或拿着一堆东西的人开门。

❖ 让别人讲完。如果在一次交谈中，你和别人同时开始讲话，让别人先说完。"你先请。"

❖ 请客人先行。即便你非常口渴，请先给你的朋友倒一杯水。如果只剩下一片饼干了，把它留给你的朋友。

❖ 为陌生人让座。如果你在一辆拥挤的公交车上，请把你的座位让给需要的乘客——老人、孕妇等。

游戏挑战 #2：你遵守了黄金规则吗？这是你做出最好选择的机会，请圈出最明智的选择。

1. 妈妈让你打扫一下你的房间。你：

A. 给你的妹妹工钱，请她来打扫

B. 自己打扫

C. 承诺放学后会打扫

2. 你看到一些小朋友拿着另一个小朋友的球跑了。你：

A. 什么也不做

B. 追赶那些小朋友，帮他把球要回来

C. 告诉这个小朋友，要为自己把球要回来

得体

得体是一种与人相处的能力——不要去冒犯别人。真诚地对待他人，不伤害别人。关注积极的一面，而非消极的。通过强调积极的一面，你可以提供委婉而又中肯的答案，又不会令别人失望。通过观察别人的身体语言和面部表情，知道自己有没有让他们感到不愉快或不舒服。你能在考虑周全的情况下，真诚地处理这些事情吗？

言行得体！看到事物积极的一面，而不是消极的一面。

挑战游戏 #3：机智游戏

场景	你真实的想法	粗鲁的回答	机智的回答
妈妈刚试验了一个新菜谱，她花费了几小时来做这道菜。	那道菜看起来真的很恶心，我想我吃不下去。	呃，恶心！	谢谢妈妈做了这么特别的一道菜，我真的很感激。
你的生日会，姨妈给你准备了一件毛衣，但是你觉得挺丑的。当她问你是否喜欢的时候，你应该怎么说？			
你的朋友正在讲话，有一块大的生菜叶子粘在了他的牙齿上。你会怎么说？			

规则破坏者

❖ 讲话不要脱口而出，要找到机智的表达方法，确保不伤害任何人。

❖ 不要忽略他人的感受，注意观察肢体语言和面部表情，知道什么时候停下来。

游戏挑战 #4：你的言行得体吗？向你的家人或朋友挑战，5分钟画出一幅自画像。每个人说出一个值得赞赏的点。

体态与自信

挺直腰杆子站立，
看起来要自信！

走路有走路的样子！

平时要站直，走路的时候要自信。假装有东西在支撑着你，摆出好看的姿势。有时，人们为了练习良好的体态，走路时会把书顶在头上。

游戏挑战 #5： 谁看起来更自信？

圈出正确的答案！

站起来，站直了

欢迎他人最礼貌的方式首先是站起来。如果你正在玩一个视频游戏或在看一集非常酷的节目，出于尊重、体贴和周到，你仍然需要站起来，然后问好！

站起来欢迎新人
和重要的人。

有时候，有的人会说："不用站起来，请坐下。"
那你就可以坐下了。但是你的第一反应应该是站起来，并向对方问好。

游戏挑战 #6： 很好的平衡动作游戏。头上放一本书，人站直，头向上延伸，肩膀向下沉，保持平衡绕着房间走。和你的兄弟姐妹比一比，看看谁走得最远，走得最直。

总是跟人问好

你有没有过和他人问好，别人却背着身或低着头回应你的经历？你感觉如何呢？这会让你不开心，对吗？

沉默可能代表"我对你很生气"或是"我不喜欢你"。所以，即使你很难过、生气、忙碌、迟到、担心，或是尴尬，请记得说"您好"。问候是为了让他人知道我们关注到了他们。

不同语言的问好

丹麦语 – "Hey!"
瑞典语 – "Hej!"
法语 – "Bonjour!"
意大利语 – "Ciao!"
西班牙语 – "Hola!"
德语 – "Hallo!"
夏威夷语 – "Aloha!"
日语 – "Konnichiwa!"

规则破坏者

✤ 不要把视线挪开，或假装不认识别人。

眼神交流

问候别人的时候，眼睛要看着对方（即便你有一点儿害羞），眼神交流表现出你很友好和真诚，也表示你很关心他，对他很感兴趣。不与人对视，会让你显得可疑和不真诚。

不与人对视，会让你显得可疑和不真诚。

游戏挑战 #7：跟一位朋友讲你从今天早上醒来到现在做过的所有事。当你正在讲话的时候，你朋友的眼神不应该离开你的脸部，应该看着你。你感觉如何？

现在用另外两种方式来试一试

※ 你的朋友不抬头看你。你感觉如何？

※ 你的朋友时而抬头看你。你感觉如何？

你好，笑先生

使用名字

在问候别人的时候使用他们的名字。"你好"和"你好,斯密斯先生"之间有什么不同？使用称呼，表示你很在意他是谁，这样做会让别人感觉很好。有时候，要记住别人的名字并不简单。这里有一些小贴士：

> 问候别人时使用他们的名字，表示你很在意他们！

当你第一次见到一个人，请对自己重复三次他的名字，比如"她的名字叫安妮，安妮，安妮"。然后在你离开前，请大声地说出一个用到这个名字的句子，比如"真的很高兴能见到你，安妮。"

握手

遇到成年人，尤其在正式场合，请走上前去与他们握手并问好。站着的时候腰板要挺直，头抬起来，肩膀下沉。自信地向前迈一步，伸出你

> 站着的时候腰板要挺直，头抬起来，肩膀下沉。

的右手，说出对方的名字："你好，琼斯太太。"牢牢握住对方的手，与她小幅度、快速地握手。不要用我们所说的"果冻式"或"意大利面式"的握手方式。你的握手应该是牢牢的，不要扭动和软绵无力。用整只手去握，而不是只用手指去握。不要过度握手，一到两下就足够了。

规则破坏者

- 跟别人交流时，不要低着头或看着电视。
- 不要假装不认识别人。
- 不要用黏糊糊的手去和别人握手。

游戏挑战 #8：最完美的握手。今天与别人握一次手，握手的时候要站直身体，清楚地说话，称呼对方的名字。不要忘记眼神交流，给对方一个快而有力的握手。

头衔和称呼

生活在不同的国家和文化下的人，对他人的称呼习惯也不同。在美国，有一套基础的头衔规则。在现代，我们可以以他人喜欢的方式称呼对方。如果一位成年人希望你直呼其名，那就按他希望的来。如果不确定如何称呼别人，就使用更加正式的方法。（参见下面的表格）

基本头衔规则：

先生 = 男性

夫人 = 已婚女性

女士 = 女性，已婚或未婚

先生和女士 = 一对夫妻，姓氏不同

先生和女士 = 一对夫妻，姓氏相同

小姐 = 女孩或未婚女子

对于特殊人群，如医生、大学教授、外交官等，也有很多特殊的头衔。大多数情况下，都会有人告知你该如何称呼他们，如果有疑问，可以问问大人。

游戏挑战 #9： 填写空格。

老师叫莎拉·斯密斯，她已婚。"你好，斯密斯 ＿＿＿＿。"

爸爸的朋友叫约翰·詹姆斯，"你好，詹姆斯 ＿＿＿＿。"

你的医生叫乔伊斯·琼斯，她已婚。"你好，琼斯 ＿＿＿＿。"

妈妈的朋友叫简·约翰，她请你称呼她为简，"你好，简 ＿＿＿＿。"

打电话的技巧

打电话与直接见面或发短信和邮件是不同的，电话里没有面对面的交流，看不到对方在想什么，在做什么。举个例子，电话另一端的朋友没办法给向你点头示意他已经准备好挂电话了。掌握和应用一些简单的打电话技巧，可以让你感觉更舒服。

> 应用基本的打电话技巧，可以让自己听起来更自信。

接电话

不要害怕，直接接电话！这里有一些回应的方法。一些人会用简单的"你好"，或者更正式的，比如，"你好，这里是伊夫兰家"。如果这个电话是找你母亲的，你可以说："好的，稍等一下。请问您贵姓？"然后把电话拿给妈妈，盖上话筒，轻轻地和她明确一下来电者。请不要大声喊，"你的电话！！！艾米打来找你！！！"如果对方是打电话来找你哥哥的，他不在家或正在忙，可以说："很抱歉，查理现在不在家。需要我帮你留言吗？"把留言信息清楚地写下来，放在安全的地方。你也可以问对方，是否愿意再次打来并且在电话上留言，然后让电话响起，直到转入语音信箱。如果一位朋友打来时，你正在吃饭，你可以告诉对方你正在用餐，晚些时候会答复他。

> 你好！好的，稍等一会儿。请问您贵姓？

> 接电话时要问候一下对方，礼貌地递出电话。写下完整的留言信息。

🎬 **游戏挑战 #10：** 问和答

1. 如果你的妈妈正在洗澡，有人打电话找她，你该怎么做？

2. 如果你打错电话了，你会怎么做？

打电话

你好，我是尼基，可以请查理听下电话吗？谢谢！

打电话的时候，记得说明自己的身份。即使听声音像是你的朋友接的电话，仍需要说出你的名字。记得跟接电话的人说声"谢谢"。

打电话时记得说明身份，并且在合适的时间打。

记得要在合适的时间打电话，早上打电话要在 9 点以后，尤其是周末，避免在就餐时间打电话。

讲电话

和别人讲电话时，要全神贯注。在说话时，不要同时做多件事情，如看电视，读书，玩电子游戏等，也请不要往嘴里塞满食物！听筒一端要对着你的耳朵，另一端（声音接收器）对着你的嘴巴。说话要清楚，音量要适中。

全神贯注讲电话，说话要清楚！

挂电话

挂电话时要有礼貌，举个例子，你可以这样说："我可能需要开始写作业了。""跟你聊天真开心，明天见。"如果你直接说"再见"，然后粗鲁地挂掉电话，这样就不是很友善。记住了，打电话时别人看不到你的面部表情，他可看不到你正微笑着朝他点头示意要挂断电话。

以合适的方式说再见，然后挂掉电话。

游戏挑战 #11：拿起电话给你的堂兄妹（表兄妹）、你的祖母、朋友打个电话。记得说明自己的身份哦。

规则破坏者

✢ 讲电话时不要"啊，嗯"。

✢ 打电话时不要不介绍你自己。

✢ 讲电话时不要吃东西。

✢ 挂电话时，不要不说再见。

✢ 不要用以下这些表达："哦""是啊""是谁？""你想要什么？""你打来干吗？"

游戏挑战 #12： 创建你的电话备忘录。

电话提醒

打电话：　　你好，我是 ___。可以请 ___ 听一下电话吗？

听电话：　　你好，这是斯密斯家。

回答：　　　请稍等一下，我把电话拿给我的母亲。

留言：　　　抱歉，我父亲现在没办法接听您的电话。需要我帮您留言吗？

呼叫等待：　抱歉，我有一通电话打进来了，您是否可以等一下？谢谢！

打错电话：　抱歉！我一定是打错电话了。

挂电话：　　感谢您的来电。

电话提醒 —— 填空

打电话：　　你好，我是

听电话：

回答：

留言：

呼叫等待：

打错电话：

挂电话：

主客之道

　　想要在聚会或派对上玩得开心，最好的方式是学习如何当好主人或客人，其中最重要的一条就是，让每一个人感受到自己受到了欢迎，而且感觉舒适。如果你去别人家里参加派对，要遵守他们家的规则，不要打破别人家的东西。

由你负责

主人需要做这些：

　　问好——向已经站在门口的朋友问好。告诉他们在哪里摆放鞋子或外套。如果他们还没有见过你的家人，记得向他们一一介绍，并带着他们参观一下你家。

　　规则分享——让他们知道你家或派对上的一些特别规则。也许你的父亲或母亲在家里工作，你不能到楼下的办公室去玩，又或许你未经兄弟、姐妹的允许，不能擅自玩他们的玩具。小狗很友善吗？你兄弟的房间是不是不能进去？

　　变通——试着变通一些。想一些不同的活动，问问你的朋友他喜欢什么。

　　欢迎——让你的朋友感觉到自己是受欢迎的。问问他们想要喝什么，或吃点什么。

> 主人要让客人
> 感到受欢迎
> 和感觉舒服！

　　告别——要告别，记得送你的朋友到门口（即使你很想打完剩下的游戏或看完还剩一点儿的电视节目……），并感谢他们的到来！

游戏挑战 #13： 扮演主人。邀请一位朋友来家里，要让他感受到自己受欢迎。写三件你觉得可以让他感觉舒服的事情。

1.＿＿＿＿＿＿　2.＿＿＿＿＿＿　3.＿＿＿＿＿＿

跟着主人

客人需要做这些：

问好——跟屋子里的每一位朋友问好。把你的鞋子和外套脱下来，询问可以放在哪里。不要直接把你的一大堆东西扔在过道上！

学习和遵守规则——按主人说的做。如果你的朋友告诉你不要打扰他的哥哥，你要听从。不要一个人在房子里闲逛，要和你的朋友待在一起，请他领着你参观。尊重屋子里的所有财产。不要在沙发上乱跳，或者爬到家具上。

> 客人应该尊重并遵守规则。

告别——感谢你的朋友邀请你去他家里，或参加派对。也要友好地感谢对方的父母。——感谢他们，会让你给人留下一个好印象！

礼物

如何做到优雅地接受礼物？首先要在语言上肯定每一件礼物。"好酷的玩具。""这就是我想要的。"永远都不要问价钱。如果别人没有带礼物来，也不要问他们礼物在哪里。如果你没有足够的钱买礼物，你可以自己做。手工制作的礼物又漂亮又有特点！如果你已经有了一件同样的，或是你不喜欢那个礼物怎么办？无论你喜不喜欢，你都应该说一些积极正面的话。

> 收到礼物时，要说一些积极的话。

规则破坏者

✤ 不要问别人买来的礼物花了多少钱。

✤ 不要什么都不说，就把礼物放一边了。

感谢信

一张小小的便条会让人感觉大不同。写感谢信的目的是让对方知道你有多感激他/她的慷慨和友善。不需要写太长——你只需要写一个简短的感谢信就够了。

你什么时候需要写感谢信？一般原则是，当你打开一个礼物时，礼物的主人就在边上，可以直接说谢谢，就不需要写感谢信了。（这种情况下，并不意味着你不可以写感谢信。为什么不可以快速写一封感谢信，让他们知道你有多喜欢这份礼物呢？）但是，如果你是通过邮件收到礼物，或是事后打开的，就很有必要写一封感谢信了。

花一点儿时间写一封充满感情的感谢信。

试着写一些关于礼物的具体特征。如果你收到了礼品券或者钱，可以告诉他们你打算如何使用。

从选卡片开始，可以是自己亲手制作的卡片或是买来的卡片。现如今，人们也接受漂亮的电子邮件（不要只是打几行字，要多花些心思，或许可以放一张你玩新玩具的照片）。手写的感谢信更真诚，它表示你花了不少时间来制作。

亲爱的乔：

　　谢谢你送的酷酷的棒球衫。我喜欢打棒球，一定会经常穿着它打球的。真的很高兴你来参加了我的派对！

　　再次谢谢你的这件酷酷的球衣。

你的朋友，

查理

休息一下！
问：用哪一只手来书写？
答：都不用，最好用笔写！

游戏挑战 #14：给别人写一封感谢信——你的教练、你的老师、朋友、家人……

遵守承诺

承诺就是做必须要做的事情，无论你的能力或心情如何。即使你不开心、生气，感到劳累；即使有一些好事要发生，你仍然要遵守承诺。参加所有的活动——学术、体育和社交——都应该有积极的态度和决心。

举个例子，你答应了你的数学伙伴一起完成一个作业项目，但是你最好的朋友邀请你一起去公园玩。虽然公园听起来更有趣，但你仍然要遵守承诺和你的数学伙伴一起完成任务。

> 承诺是许下的诺言，你必须遵守。

不遵守承诺会让对方伤心，这是一种不好的行为。承诺同样适用于体育运动：如果你在一个运动队里，你没有出席一个重要的比赛，就会影响到整个团队。

履行承诺：

❖ 有一种"我可以做到"的态度。

❖ 我会尽我最大的努力。

❖ 我会一直做，直到我实现目标。

❖ 如果我第一次没有成功，会再试一次。

❖ 半途而废的人永远都不会赢。

❖ 胜者从不放弃。

❖ 有始有终。

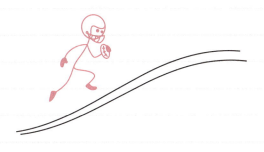

游戏挑战 #15：

你曾经放弃过吗？你本可以做些什么吗？

_____

_____

做一个家庭承诺标语。可以用第 23 页的 "履行承诺"里的一项，或者做一个新的。

_____

_____

规则破坏者

❖ 不要违反承诺！

❖ 不要过度承诺。试着保持平衡，不要承诺参加太多活动和事情。

❖ 不要放弃！

良好的体育精神

"重要的不是输赢，而在于你是怎样打比赛的。"——匿名

打比赛要保证公平和礼貌。良好的体育精神就是尊重每一位队友、对手、教练和工作人员。

> 磨炼良好的体育精神，让你成为优秀的"运动员"。

品质

你可以从别人打球的方式，看出一个人的品质。品质是由我们的价值观和选择组成的。当没有人注视我们的时候，我们是谁，这是一种品质。品质可以帮助你应对生活，而不仅仅是体育。无论最后的比赛分数如何，如果你有品格地比赛，你就赢了！

体育精神：

1. 遵守和服从游戏规则。

2. 支持你的队友。

3. 尊重你的教练和裁判。

4. 尽你最大的努力。

5. 玩得开心。

6. 为精彩的比赛喝彩（你的队员或你的对手）。

7. 比赛结束后相互握手。

如果你不参加比赛，要记得体育精神是可以延伸到场外的。你在观看比赛时，如果对手有一个失误，不要欢呼，也不要忍不住大声喊叫辱骂评论你的对手，或给他们喝倒彩！当运动员试着集中注意力的时候，不要试图用打喷嚏或大声喊叫的方式分散他们的注意力。

> 有个性就是坚持做正确的事情，因为这是正确的。

休息一下!
问: 你怎么称呼
打篮球的猪?
答: 球霸!

规则破坏者

✦ 不要绊倒别人或给你的对手起外号,不要阻止或分散他们的注意力。

✦ 不要穿着不当或毫无准备地上场。

✦ 不要欺骗裁判,或与裁判争论。

✦ 当你输了比赛,也不要拒绝握手。

✦ 赢了不要自夸,输了不要觉得自己很差。

游戏挑战 #16: 写下三件你认为可以体现好品质和良好运动精神
的事情。

1.

2.

3.

复习社交好行为

游戏计划 #1: 基础社交技能

1. 举止得体，给别人留下一个良好的第一印象。

2. 黄金规则：对待别人，就像你希望别人怎样对待你一样。

3. 机智一些。看到事物积极的一面，而非专注于消极的一面。

4. 挺直腰板，看起来更自信。

5. 站起来与第一次见面或重要的人问好。

6. 答谢每一位出席的人。

7. 眼神交流，表示你很尊敬对方，对正在谈论的内容有兴趣且很关心。

8. 问候别人时，带上名字，表现出你的关心。

9. 握手时，请上前一步，伸出你的手，有力地握手。

10. 根据你遇见的人和时间，调整你问候的方式。

11. 知道"基本的头衔规则"。询问别人喜欢被怎样称呼。

12. 运用基本的打电话技巧能让你更自信。

13. 接电话时使用合适的称呼，礼貌地挂电话、留言。

14. 说明自己的身份，选择合适的时间致电。

15. 打电话时要全神贯注，说话清楚。

16. 用适当的方式说再见，挂电话。

17. 主人要让别人感觉到在你家里受到了欢迎，并感觉舒适。

18. 客人应该尊重和遵守主人的规则。

19. 当你收到礼物时，你要说一些积极的话。

20. 花时间写一封有感情的感谢信。

21. 承诺是一种诺言，你必须履行。

22. 磨炼良好的体育精神会让你成为优秀的"运动员"。

23. 有个性就是坚持做正确的事情，因为它是正确的。

第一部分：你说了算！

在空格处填下"做"或"不做"。完成这部分，可以获得 10 张奖券！

1. _____ 你的朋友在一群孩子面前绊倒了。你事后嘲笑她绊倒了这件事。

2. _____ 你参加一个特别的活动，你的兄弟没有去，活动主办方正在发免费的小饼干。你说"谢谢"，并询问是否可以给家里生病的兄弟拿一块。你很关心你的兄弟，并想让他开心一些。

3. _____ 你去跟安德森夫人握手，她握手时只是轻轻一握。你依然站直身体，有力地握手。

4. _____ 你站在一个拥挤的公交车上，坐得很舒服。一位老人上了公交车。你心里对自己说："哇，我太幸运了！我有一个座位。她要站着，太惨了！"

5. _____ 你的妈妈提着满满的购物袋走着，而你正在玩电子游戏。你无视她，继续玩游戏，因为这是一个很酷的游戏。

6. _____ 比赛时在任意罚球阶段，为了分散运动员的注意力，你开始大声打喷嚏，发出令人不安的声音。

7. _____ 你刚刚收到了一份来自佩奇阿姨的礼物，你家里有一件一模一样的毛衣。你没有告诉她，而是谢谢她，告诉她你很喜欢这件可爱的毛衣。

8. _____ 你去约翰的家里玩。当他没有在看你时，你偷偷溜到储藏室拿了两块饼干。她妈妈之前对你说过，你可以自便，于是你就多拿了一些饼干。

9. _____ 你急着穿过这扇门，但是你意识到身后有人，你放慢了脚步。你为他们打开了门，并请他们先走。

第二部分：游戏大混战！

一部分游戏你可以自己玩。有些游戏需要邀请家人和朋友陪你一起玩。每个游戏都有一张奖券。你玩的次数越多，获得的奖券也越多。

你的名字叫什么？ 试着记住一个人的名字。试着对自己重复一位新朋友的名字三遍，这样你就不会忘记他的名字了。大声地说出一个带有名字的句子，如"山姆，能再次见到你真的很开心。"

完美的握手！ 今天跟一个人握手。记得要有力而迅速地握手。站直了，说话要清晰，用上他们的名字。不要忘记眼神交流。

极好玩的注视挑战 在讲话时，试着跟对方眼神交流。找一位伙伴，注视着他的眼睛，讲两分钟的故事。讲故事时你可以有一点儿小幽默，比一比谁的故事最搞笑，可以让别人大笑到眼神停止注视。

你来打电话！ 正确的答案是什么？和你的家人讨论答案。

- 你刚咬了一大口三明治，电话恰好响了。你应该接起来，还是让它转到语音信箱？
- 你接电话的时候，一家公司过来做杂志订阅服务。你会怎么做？
- 你正好和你的朋友在打电话，另一条线的电话响了，你会怎么做？
- 你接到一个电话，是打给你妈妈的，而她正在洗澡，你会怎么做？
- 你正在跟奶奶打电话，但是你真的没有什么事情要说了，你应该怎么说？
- 你打电话给你的朋友问家庭作业，他似乎不在家，电话转到了语音信箱，你应该怎么做？
- 你的妈咪正在打电话，你和弟弟可以在她面前大声地唱歌跳舞吗？
- 一个陌生人打电话到你家，找一位你不认识的人，你会怎么做？

注意： 不要告诉陌生人你的任何个人信息！

第三部分

基础社交技能之字谜游戏——获得 5 张奖券！☺

（提示：可以参考下文提供的英文单词）

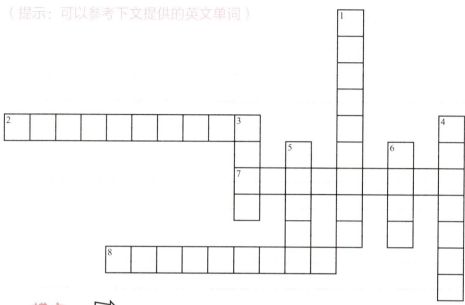

横向： ⇨

2. 一个诺言，你必须遵守。

7. 一个词语，用来描述某人很礼貌、恭敬和体贴。

8. 形容一个人的个性："我很诚实。"

纵向： ⇩

1. 在没有人看见的时候，我们有怎样的品质。

3. 与别人打交道，不冒犯他人。

4. 我们站立的方式。

5. 你的任务是遵守和服从规则。

6. 你的任务是让别人感觉到自己受欢迎和感觉舒适。

单词：有礼貌的（courteous）、正直（integrity）、得体（tact）、承诺（commitment）、品格（character）、姿势（posture）、主人（host）和客人（guest）。

第四部分：
基础社交技能之找词游戏——获得 5 张奖券！☺

Q L G Z H J S A L O T V Z Y N
T F Z O P A B K L Z A A P T S
E T C E I C N L N R W O C L P
L Y F I H H E D A A S U L T F
E G B Y S H R R S T H I R R U
P S U U N H U U U H K T K W Z
H X B B A D I R E S A E L P P
O I Z F M U E L L W H K W V H
N K I V S C S A J G S T E Q W
E F M K T K I G S W W S Q M G
V V A M R C O N F I D E N C E
S N E S O P P B U A L U K M E
O L L S P H K Q W F K G L A J
L F H V S F P L H O S T V E Y
W H R D O S E P V L V M Q V M

自信（CONFIDENCE）　　　　客人（GUEST）

握手（HANDSHAKE）　　　　你好（HELLO）

主人（HOST）　　　　　　　请（PLEASE）

姿势（POSTURE）　　　　　社交技能（SOCIAL SKILLS）

运动精神（SPORTSMANSHIP）　得体（TACT）

电话（TELEPHONE）　　　　谢谢（THANKS）

游戏挑战的答案

游戏挑战

（#1）　答案各有不同，请和教练（一名大人）商量一下。

（#2）　1.b – 打扫。

　　　　2.b – 跑在孩子的后面，试着帮助他把东西拿回来。

（#3）　答案各有不同，请和教练（一名大人）商量一下。

（#4）　答案各有不同，请和教练（一名大人）商量一下。

（#5）　戴着眼镜的火柴人。

（#6）　记得要使书保持平衡，尽可能地走直线，祝你好运!

（#7）　答案各有不同，请和教练（一名大人）商量一下 。

（#8）　请有力地握手。

（#9）　"你好,斯密斯女士。""你好,詹姆斯先生。""你好,琼斯医生。""你好,简。"

（#10）　1. 请告诉来电者你妈妈暂时不方便接电话，问问是否需要留言。

　　　　2. 对不起，我打错电话了。是 203-555-1557 吗?

　　　　请不要立马挂电话，那样很粗鲁，在挂之前再确认一下拨打的电话号码。

（#11）　你好，这是 _____。麻烦让 _____ 接听一下电话好吗?

（#12）　注意: 把打电话的技巧写在纸条上，放在电话机旁。

（#13）　答案各有不同，请和教练（一名大人）商量一下。

（#14）　写信的时候可以参考使用书后面的"感谢指导书"。

（#15）　答案各有不同，请和教练（一名大人）商量一下。

（#16）　答案各有不同，请和教练（一名大人）商量一下。

游戏开始了

第一部分：你说了算！

1. 不做，2. 做，3. 做，4. 不做，5. 不做，6. 不做，7. 做，8. 不做，9. 做。

第二部分：游戏大混战！

答案可能有所变化，请与你的教练（一名大人）协商

第三部分：字谜游戏

横: ☺➡ 2. 承诺 7. 有礼貌的 8. 正直

纵: ☺⬇ 1. 品格 3. 得体 4. 姿势 5. 客人 6. 主人

第四部分：找词游戏！

```
+ + + + H + S + + O T + + + +
T + + + P A + K L + + A P + S
E + + + I + N L N + + O C L +
L + + + H + E D + A S + L T +
E + + + S H + + S T H I + + +
P + + + N + + + U H K T + + +
H + + + A + + R E S A E L P +
O + + + M + E + L + + K + + +
N + + + S + + A + + T E + + +
E + + + T + I + + + S + + +
+ + + + R C O N F I D E N C E
+ + + + O + + + + + + U + + +
+ + + S P + + + + + G + + +
+ + + + S + + + H O S T + + +
+ + + + + + + + + + + + + + +
```

（列，行，方位）

自信（6, 11, E）

客人（12, 13, N）

握手（5, 1, SE）

你好（6, 5, NE）

主人（9, 14, E）

请（14, 7, W）

姿势（13, 2, SW）

社交技能（4, 13, NE）

运动精神（5, 14, N）

得体（11, 1, SE）

电话（1, 2, S）

谢谢（12, 6, NW）

奖券积分排行榜

完成每一个挑战游戏或实践部分后，请家长来检查，发放奖券。你有多少张奖券了？

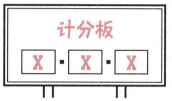

感恩练习

跟着指南练习，可以加入一些你的创造性玩法！在横线处填写名字，在标有数字处写下词语。可以参考左边的表格，也可以是一些自己的创意。

#1

很棒的礼物

酷酷的礼物

完美的礼物

有想法的礼物

有趣的礼物

美味的蛋糕

＿＿＿（礼物的名字）

＿＿＿（有创造性的）

#2

可以玩的

可以用的

可以体验的

可以测试的

可以吃的

＿＿＿（一些有创意的东西）

#3

再次提到礼物。你可以再次从列表1中选择一些东西。

亲爱的 ＿＿＿＿＿＿＿。

谢谢你送的 ＿＿1＿＿。

谢谢你那么贴心，记得我。

我很喜欢它，我迫不及待地想 ＿＿2＿＿。

再次谢谢你的 ＿＿＿3＿＿＿。

希望可以快快见到你。

诚挚地，

＿＿＿＿＿＿＿

增加点特色

在你的卡片上增加一些特色，获取加分……

- 你玩新玩具的一张照片
- 烘焙一些东西，和你的卡片一起送过去
- 一幅画

更具创造性的玩法

用现代科技表达感谢！

用你的智能手机创作一条很特别的感谢语。运用你自己的语言，发挥你的个性。

- 创建一个带文字的图片
- 拍一个小视频，记录你打开礼物时的兴奋和感激！
- 用邮件或短信发一张你穿着新衣服、拿着感谢语的照片。
- 拍一段你踢新足球的视频。

游戏计划 #2：餐桌礼仪

目标：

你在农场上有没有见过猪吃东西？农民把食物倒出来，小猪们挤在一起抢食物吃，它们为了吃到更多的食物，会抓，会推，会哼哼，会狼吞虎咽。

尽管你着急要去玩游戏，或是上了一天学后很饿，着急吃饭，但是不要忘记了餐桌礼仪。吃饭时间是你和家人朋友一起享用的时光，让我们一起比一比，看看谁的餐桌礼仪学得好。

必备生活技能：

- 餐桌布置 101
- 餐前准备
- 餐具用法
- 吃饭规则
- 餐后礼仪

需要：

- 你
- 跟你的父母、兄弟姐妹和朋友一起练习
- 餐具和食物

游戏指南：

- 接受挑战
- 游戏结束，你完成挑战后，请大人在游戏奖券上打钩
- 结算你获得的奖券，跟你的教练（家长）兑换之前说好的游戏奖品

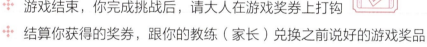
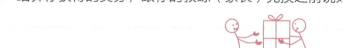

游戏券目标： ----------------------------------

游 戏 奖 品： ----------------------------------

餐桌布置

漂亮的餐桌垫，好看的餐桌布置，一朵鲜花摆放在桌子中央……你布置餐桌的方式，可以改变食物的外观和就餐的情调。每天在家里吃饭，你可能喜欢比较基础随意的餐桌布置。当你出席正式的节日活动或去餐厅时，你会看到更多的正式布置。

按使用的顺序围着主餐盘摆放餐具！

你把就餐需要的东西摆放在餐桌上。餐具绕着主餐盘摆放，按使用的顺序从外向中心（主餐盘）放置。

玩家和位置

在这个游戏中，谁摆放餐具谁就是玩家！关于餐具的定位和作用角色，下面有详细解说。

最早的餐具

带有锋利的锯齿，
用来切肉和水果；
勺子由中空的木头
或贝壳制成，
连接有勺柄；
喝饮品用动物的角。

基础游戏计划

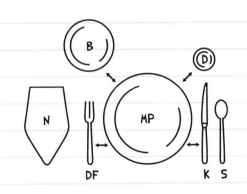

→← 箭头距离 2.5 厘米左右

主餐盘（MP）

　　这个盘子是最重要且最具价值的玩家，所有的东西都要围绕着主餐盘。它位于中央舞台，其他玩家在它的边上。有时候它有固定的位置，有时候它会隆重入场。在更正式的场合，可能会有餐巾和它一起置于中央。

所有的东西都围绕着主餐盘。

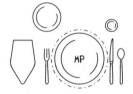

面包盘（B）

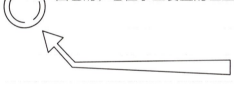

　　面包盘与主餐盘成对角摆放，距离主餐盘 2.5 厘米的位置。它是用来装面包的，它位于主餐盘的左上方，不是每餐都用到的。

喝饮品的玻璃杯（D）

　　喝饮品用的玻璃杯与主餐盘成对角摆放，置于刀的上方，在主餐盘的右边 2.5 厘米位置处。

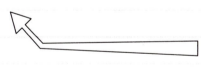

休息一下！

—咚咚咚！
—是谁呀？
—盘子。
—盘子是谁？
—是我，你是谁？

41

主餐叉（DF）

主餐叉有一个手柄，顶部有齿。有不同种类的餐叉，其中最重要的餐叉是晚餐用的主餐叉。餐叉置于主餐盘的左边，距离为 2.5 厘米。

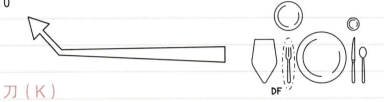

刀（K）

就餐用的刀是就餐时的另一个辅助队员！它有一个非常好的位置，在主餐盘的右边，距离为 2.5 厘米。刀刃对着盘子。如果主菜需要一把牛排刀（一把锋利的刀），它会成为餐刀的替补队员。

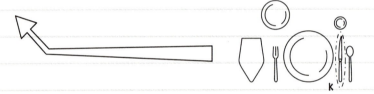

汤匙（S）

汤匙是一个候补队员，只有当你喝汤的时候才用到。它放在刀的旁边。在更正式的场合，汤匙上方可能有一把甜品勺。

休息一下！
问：刀会对另一把刀说什么？
答：你看起来好尖锐！

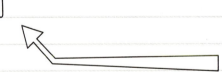

增补名单

现在我们知道基本的玩家和它们的位置了，让我们一起增加一些玩家，让餐桌布置变得更正式。玩家包括一把沙拉餐叉，一把甜品勺，一把餐叉和一只白酒玻璃杯。

餐桌布置技巧

如何布置餐桌这里有一箩筐的技巧，以及我们先用哪个餐具也是有技巧的！

字母 b 和 d 记忆法

伸出你的手放在身前，食指和拇指相互触碰，摆出一个 O 型，用你的左手做一个小写的 b。面包盘摆放在左边。用你的右手做一个小写的 d，提醒，以此提醒自己饮品在右边。

巧用"站队法"

✧ 大多数名称里有四个字母的物品会摆放在你的左边（L-E-F-T）。

例如：叉子 F-O-R-K，面包卷 R-O-L-L

> 餐桌布置技巧：字母 b 和 d 记忆法，巧用"站队法"和单词"FORKS"来记顺序。

✧ 大多数名字里有五个字母的物品会摆放在你的右边（R-I-G-H-T）。

刀 K-N-I-F-E，勺子 S-P-O-O-N，饮品 D-R-I-N-K

单词"FORKS"记忆法（去掉字母 R）

从左到右的顺序，F 是餐叉，O 是盘子，K 是刀，S 是汤匙。

游戏挑战 #1：根据基础的餐桌布置技巧，指出右图中 5 处错误的地方。

1.

2.

3.

4.

5.

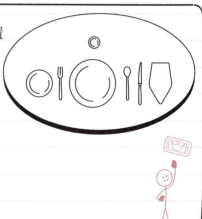

餐前准备

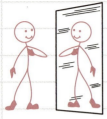

餐前准备有助于你完成一场精彩的比赛！你穿上你的队服，系好鞋带，做热身运动，有时还唱唱国歌。就像运动比赛一样，吃饭也有一些规则要遵循。

> 吃饭前，记得要洗手，穿上合适的衣服。

基本的着装要求

首先洗手，穿上合适的衣服。如果你在室内吃饭，你可以穿一件T恤，摘掉你的帽子。如果你的衣服脏了，你应该在吃饭前换一件衣服。显而易见，如果你在沙滩上，非正式地吃烧烤，或是去参加一个泳池派对，会有一套不同的规则。

> 等待所有人坐下来，听从主人的信号。

等待信号

一旦你坐下了，你就要等每一个人都坐下来，以及主人（通常是指你的父母）也坐下来。首先要感谢厨师。"谢谢母亲（父亲），晚餐看起来很不错。"在一些家庭中，要在餐前做祷告。如果你被邀请去一家有祷告习惯的家庭就餐，而你平时在家并不会做这些，你只需礼貌地低下头倾听即可。从长辈那儿得到吃饭信号后就可以开始用餐了。

规则破坏者

❖ 不要用脏手用餐。

❖ 不要没等人到齐，就坐下吃饭了。

❖ 不要戴着帽子用餐。

游戏挑战 #2：对或错？你应该等每一个人都坐下来，再开始用餐。

晚餐太好吃了，我这样看起来既开心又兴奋吗？

坐姿

在餐桌上，要坐直（即使你很累或是生病了）。用餐时，不要把你的手肘放在桌子上。一旦你坐下了，就静静地坐着不要动，不要胡乱摇摆。

规则破坏者

✦ 在餐桌上，不要表现得坐立不安。用餐时，不要走动或是站起来。

✦ 不要玩弄你的食物或盘子、碗和杯子等餐具。

餐巾

坐着不要动，坐直了，请不要把手肘放在桌子上。

餐巾在哪儿？

它是毛巾，还是一件新衬衣？

餐巾的用途有哪些？在用餐前，将餐巾放在你的膝盖上，直到用餐结束。使用餐巾时，用轻拍或轻擦的方法把嘴边的食物擦掉，然后把你的餐巾放回到膝盖上。如果你在用餐时，需要离开座位，请把它放在你的座椅上。当你用餐完毕，把餐巾放在空的地方，如放盘子的地方或边上。

把餐巾放在你的大腿上，用它来轻轻地擦食物残渣。

规则破坏者

✦ 膝盖上没放好餐巾前，不要先吃东西。

✦ 不要用你的袖子或是桌布来代替你的餐巾。

✦ 不要用舔手指的方式抹掉食物。

✦ 不要在空气中挥动你的餐巾，或者把它当作你自己的围嘴。

✦ 不要把餐巾当作毛巾来擦脸。

餐具使用游戏

　　使用餐具好比骑车，如果你失去了平衡，就不能很好地驾驭了。如果你正确使用餐具，餐桌上的食物就不会溅到你的衣服上。不要担心，这个需要练习和耐心！

好玩的餐具使用游戏：

❖ 餐具最先从外面的开始使用，随着每道新菜向内取餐具使用。

❖ 如果你不确定使用哪个餐具，可以等一等看看要上什么菜。

❖ 看看餐桌上的其他人，跟着他们做。

> 使用餐具时，要遵循从外到内的规则。外面的餐具最先用，然后向内使用。

餐具拿握技术

> **餐桌礼仪是这样练成的**
> 在过去，孩子们要用一本书来固定自己的手肘。
> 他们小心地切食物，且要控制手肘，不让书掉下来。

　　伸出你的手，轻轻地把餐具放在手掌上。习惯使用右手的人，需要用左手拿餐叉，右手拿刀。习惯使用左手的人，双手互换使用餐具。注意了，尖头叉子正面朝上拿在手里。刀

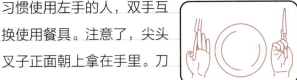

刃正面朝上握在另一只手里。

把双手翻过来

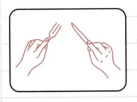

　　食指（用食指抵着）放在叉子和刀的背面，然后将你的手掌和餐具翻转，用右手握着刀。食指伸直，放在靠近握柄的顶部，让刀的锋利面朝下，其他四根手指环绕握住手柄。用你的左手握餐叉，让餐叉的尖

46

头朝下，不对着你自己。食指伸直，放在餐叉的背面，靠近餐叉手柄的顶部。其他四根手指绕着手柄。

游戏挑战 #3：沙拉专用餐叉和普通的餐叉有什么不同？

切

一旦你掌握了拿握技巧，就可以跟进学习切食物了。

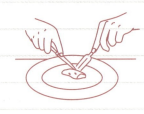

使用足够的力量

食指用力，用叉子固定好食物，然后用刀来切，采用同样的用力方式。在切东西时，要在餐刀的顶部施加一点点力量。

> 切东西时，握刀和拿叉动作正确，就会轻松很多。

来回移动餐刀切东西

如果切起来有难度，可以增加一点点力量。注意，要保证你的手肘是朝下的！

切成小块再吃

即使你很饿，或者食物很难切，也要小口地咬。如果切起来感觉很困难，可以请大人帮助你。

像米饭和豆子这样的小食物，可以把餐叉翻过来，像勺子那样舀着吃。注意，不要用你的手指来辅助，此时餐刀是一个更好的选择！

规则破坏者

- ✢ 不要像使用铁铲一样使用餐具。
- ✢ 不要在嘴里塞太多食物，鼓起脸颊。
- ✢ 除了要用手指拿着吃的食物，其他的都不要直接用手拿着吃。
- ✢ 不要在空中挥动你的餐具。
- ✢ 吃东西时，不要张开嘴讲话。没有人想要看你嘴里有什么东西。
- ✢ 不要把整块鸡肉都切了。每次切一片，切成小块来吃即可。

饮食风格

你切好食物后，会怎么做？你是选择美式吃法，还是欧式吃法？

选择你的饮食风格，美式还是欧式？

美式风格

三步：1. 切 2. 换手 3. 吃

切东西时用左手握着餐叉，然后放下餐刀，换右手拿着餐叉吃。我们称这个游戏为"交叉传球"，达阵得分。

欧式风格

两步：1. 切，2. 吃

左手握叉，右手拿刀，保持图中的姿势，不需要交换左右手。让我们称这个游戏为"Z 形得分"。

休息和结束用餐时餐具的摆放

两种暗号：用餐休息和结束用餐时的餐具摆放。

就像运动，餐桌礼仪的游戏也有暗号，这些暗号可以让别人知道你是用餐休息还是用餐结束。

倒 V 标志

将你的餐具以倒 V 的方式摆放在餐盘上，这表示你还在用餐中。不要把餐具放在桌子上或桌布上。这种标志一般用于欧式吃法，或者你切东西停止进食的时候用。

49

美式风格的"休息时间"标志

如果你用的是美式吃法，休息的时候，可以将你的餐刀置于盘子的右上
角（对角），把餐叉放在盘子上即可。

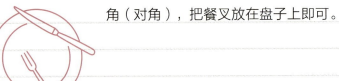

"4 点 20 分"规则

将你的餐叉和餐刀以 4 点 20 分方向摆放，表示"我用餐结束了"。刀
刃（锋利面）应该朝内摆放，餐叉尖头可以朝上或朝下。

美式风格的做法

第一步：交叉
切食物时用交叉方式，来回切割。

第二步：传球
换手！吃东西的时候，右手握餐叉，餐刀放在盘子的一角。

第三步：达阵得分
该吃了！

第四步：休息一下
当你和朋友交谈时，放下你的餐叉和餐刀，停一下。

第五步：游戏结束
就餐完毕，用你的"4 点 20 分"暗号，告诉别人你吃好了。

欧式风格的做法

第一步：Z 形得分
切食物，开始吃。不要换手。

第二步：休息一下

当你和朋友交谈时，放下你的餐叉和餐刀，停一下。

第三步：游戏结束

就餐完毕，用"4 点 20 分"暗号，告诉别人你吃好了。

传递和服务

想象自己在赛道上驾驶汽车。往一个方向传递食物，这样盘子就不会互相碰撞。传递时，要连带盘子或面包篮子一起传，不要像踢足球一样隔着桌子扔面包。按照传统习俗，食物都向右传递。也可以由一个人将食物放在盘子上，传给下一个人，或直接给别人交给他人。请不要在餐桌上用错误的方式传递。

> 按一个方向
> 传递盘子。

面包和黄油

> 把面包切着吃，
> 每次吃一口。

面包放在面包盘上（如果有的话），如果没有就放在主餐盘的一边。切下一小块，一次吃一口。不要把整片面包塞进嘴里，咬成碎片。毕竟，我们都不是小狗，从大骨头上啃肉，对不？

你是怎样给面包涂黄油的？把面包片翻过来，放在你的盘子上，涂上黄油，一次涂一片。

规则破坏者

✦ 不要在没有问别人是否需要的情况下，把最后一片面包留给自己。
✦ 不要给整个面包涂满黄油，然后自己吃一小部分。

游戏挑战 #4： 哪种陈述不正确？

1. 可以随便传递和上菜。

2. 面包应该放在面包盘上。

3. 按一个方向传递盘子。

喝水

想象现在有一大杯果汁放在你面前，你很饿很渴，你往嘴里塞进一大块鸡排，然后用牛奶冲下去。停！喝跟吃应该分开，先咀嚼和吞咽食物，然后喝一杯水，确保不发出声音，或吹出泡泡。不要倒满水，以免水溢出来。如果你感觉喉咙有些痒或闷，你也许需要喝点水来润一润！

喝饮品和吃东西应该分开进行。

完成

每个人跑步的速度都不一样，我们吃饭也是一个道理。当你做替补队员等候上场时，你会待在那儿为自己的队加油。在吃饭的时候，等所有人吃完饭，再请求离开。感谢你的母亲或主人准备的美味晚餐！你打完网球会做什么？你只是站在那儿，不打扫球场就离开了吗？当你用完晚餐，要记得主动帮忙收拾厨房！

饭后要感谢主人，并帮助收拾餐具。

游戏挑战 #5： 当你布置餐桌时，给一个好用的布置技能命名。

复习餐桌礼仪好行为

游戏计划 #2：餐桌礼仪

1. 按使用的顺序围绕餐盘摆放餐具。

2. 每一件餐具都以主餐盘为中心。

3. 餐桌布置技巧：1. 字母 b 和 d 记忆法；2. 巧用"站队法"；3. 巧用单词 "FORKS"（去掉 R）来记忆布置顺序。

4. 在吃饭之前洗手，换上合适的衣服。

5. 等待所有人都坐下，不懂的时候可以看主人是怎么做的。

6. 坐着不要动。坐直了，手肘不要放在桌子上。

7. 把餐巾放在你的膝盖上，如果嘴边有食物拿餐巾轻轻地擦一擦。

8. 当你使用餐具时，遵循由外到内的规则：先使用外面的餐具，再向内取用。

9. 正确拿握刀和叉，切食物和吃起来会更轻松。

10. 选择吃西餐的风格：美式还是欧式？

11. 用餐休息和用餐结束时的餐具摆放暗号——倒 V，休息一下和"4 点 20 分"规则。

12. 所有盘子按一个方向传递。

13. 切开面包，每次咬一口。

14. 喝跟吃应该分开进行。

15. 用餐结束，感谢主人，并请求离开。在家里要记得主动帮忙收拾厨房。

游戏开始了!

第一部分：你说了算！

选择"做"或"不做"。完成这部分可以获得 10 张奖券！

1. _____ 同时吃和喝。

2. _____ 张开嘴巴咀嚼。

3. _____ 把手肘放在桌面上。

4. _____ 用餐巾的边角来擦拭嘴巴。

5. _____ 吃的时候坐直。

6. _____ 一边吃东西，一边讲话。

7. _____ 把你用过的银制餐具放在桌上。

8. _____ 吃东西时发出很大的声音。

9. _____ 在吃东西前，要把餐巾放在膝盖上。

10. _____ 在餐桌上梳头发。

11. _____ 在桌上吃东西时玩电子游戏。

12. _____ 感到无聊时可以站起来。

13. _____ 就餐时按任意顺序，随意使用餐具。

14. _____ 向右或向左传递食物，只要你跟大家的方向保持一致即可。

15. _____ 从你朋友的盘子里取食物吃。

16. _____ 用手指剔牙齿。

17. _____ 像用刀拨食物一样，你用手指来帮助拨动小颗粒的米饭。

18. _____ 用握拳的方式拿叉子，因为这样会比较舒服。

19. _____ 拿餐叉或勺子摩擦你的牙齿。

20. _____ 就餐时，把你的餐巾放在桌面上。

第二部分：你可以发球吗？获得 10 张奖券！☺

1. 你在朋友的家里用餐，他的母亲告诉你晚餐准备就绪了，你应该怎么做？

   a. 随便选一个座位

   b. 等待你的朋友或他的母亲告诉你坐哪儿

   c. 哪里有空座坐哪儿

   d. 坐在你平时家里习惯坐的位置

2. 当你第一次坐下时，你会怎么做？

   a. 不管是什么食物，从离你最近的开始取

   b. 开始谈话

   c. 卷起餐巾放在下巴下面

   d. 看着主人怎么做

3. 李太太坐下后，低下头祷告，你会怎么做？

   a. 开吃

   b. 低下你的头，安静地等待

   c. 盯着别人

4. 你刚吃完意大利面，感觉很美味，你还想来一份。盘子里还有很多，你该如何取更多的意大利面？

   a. 妈妈，请你再给我一些意大利面

   b. 妈妈，我可以请你再多给我一些意大利面吗

   c. 我能要一些意大利面吗

5. 你的朋友来家里吃了一会儿饭，就开始玩她的食物，并且她还打饱嗝，你应该怎么做？

a. 你也开始玩食物，因为看起来很好玩

b. 不管她，继续礼貌地吃东西

c. 提醒她停下，因为这样很粗鲁

6. 请你传递食物时，你应该怎么做？

a. 向右传递食物

b. 传给饿了的人

c. 向左传递

d. 把它隔着桌子扔过去

7. 你的朋友想要一个面包卷，于是你用手给他拿了一片。

a. 对

b. 错

8. 圈出正确使用餐巾的陈述。

a. 放在你的盘子边上，这样你可以看到它

b. 在坐下前，你要打开它，放置在你的膝盖上

c. 当你就餐完毕，把它放在你的座椅上

d. 当你用餐完毕，把餐巾放在你的盘子上

e. 塞在你的下巴下

9. 就餐时，你开始流鼻涕了，你应该怎么做？

a. 拿起餐巾，好好擦一擦

b. 轻擦你的鼻子，然后请求离开去洗手间

c. 用你的衬衣袖子擦鼻涕

10. 就在你咬了一口食物时，有人问了你一个问题，你会如何做？

a. 嘴里塞满食物跟人交谈

b. 在回答前，先把人食物咀嚼和吞咽下去

c. 把嘴里的食物吐出来

11. 你刚咬了一口食物，感觉食物卡在牙齿里了，现在你会怎么做？

a. 把手伸进嘴巴里，把食物取出来

b. 用餐叉把食物从嘴里剔出来

c. 谨慎地用舌头去除牙齿里的食物

d. 请求离开，去洗手间处理

12. 你真的很饿，但是单用叉子又无法叉起食物，这时你应该如何做？

a. 用手来帮助

b. 用手指直接把食物放进嘴巴里

c. 用餐刀把食物拨到叉子上

13. 你刚咬了一口鸡肉，马上意识到里面有一块骨头，现在你会怎么做？

a. 吐到盘子上，发出"呃"的声音

b. 告诉每一个人，你嘴巴里有一块骨头

c. 用餐巾轻轻地把骨头拿出来

14. 你刚喝了一大杯苏打水，感觉要打嗝了，你会怎么做？

a. 打一个很响的饱嗝

b. 用餐巾遮住嘴巴，闭上你的嘴巴尽量不发出任何声音

c. 请求离开去洗手间处理一下

15. 你刚就餐完毕，想要站起来走到外面去。天气很好，去外面玩会很有意思！你会怎么做？

　a. 在没有征得同意的情况下，站起来直接跑出去玩了，也没有帮忙洗盘子

b. 请求离开，快速帮忙清洗盘子，这样你就有时间出去玩了

c. 请求离开

16. 吃鸡排的时候，你是怎么切的？

a. 边吃边切，每次切一到两片

b. 吃之前都切好

c. 先切好一半

17. 你坐下来，看到餐桌的布置很正式，有 3 把叉子摆在那儿，你会怎么做？

a. 拿起一把感觉最舒服的叉子

b. 用最靠近盘子的餐叉

c. 询问领位或服务员为什么有 3 把叉子

d. 用离你的餐盘最远的叉子

18. 在朋友家吃饭，你在食物里看到一根头发，你会怎么做？

a. 大声喊出来："呃！是有一根头发在我的食物里吗？"

b. 小心翼翼地绕开头发，继续吃东西

c. 把头发吃下去，一根头发而已，毕竟食物还是很好吃的

第三部分：游戏大混战！

邀请家人和朋友来玩这些游戏。

每个游戏都有一张奖券，玩得越多，赢得越多。

礼仪和糖果——练习 10 个不同的餐桌礼仪

❖ 规则 1——把餐巾放到腿上

❖ 规则 2——使用餐具，而不是手指

❖ 规则 3——不要使劲去够远处的食物

❖ 规则 4——在大厨入席之后才能开始用餐

❖ 规则 5——不要发出声音（咀嚼声、打嗝声、张嘴大嚼声、咂嘴声等）

❖ 规则 6——等所有人都用餐完毕后再离开餐桌

❖ 规则 7——肘部不要放在餐桌上

❖ 规则 8——不要随意评论食物

❖ 规则 9——坐姿要笔直，不要倾斜椅子

❖ 规则 10——所有人一起来清理餐桌

每个人都有一小碗或一小袋糖果，如 MM 豆（一种巧克力豆品牌）或者彩虹糖，都是美味的甜品！表现得越好，最终拿到的甜品就越多。大家都来相互监督，看谁打破了上述规则。如果有人指出了你的错误，就要给他一颗糖果，看看你最后还能剩多少？

丰盛的晚餐！ 全家人在家中吃饭的时候，假装是在餐厅里吃一顿正式晚餐。在精致的环境中，我们需要根据场合来选择正式着装，保持良好的礼仪。点上蜡烛，调暗灯光，让场景更特别一些吧！

布置餐桌挑战。谁可以完美地布置餐桌，所有的餐具都摆在正确的位置吗？

秘密礼仪侦探。指定一个人成为当晚的秘密礼仪侦探，他会奖励表现最好的人一份特殊甜点。

第四部分：
用餐礼仪之字谜游戏——赢得 5 张奖券！☺

（提示：可以参考下文提供的英文单词）

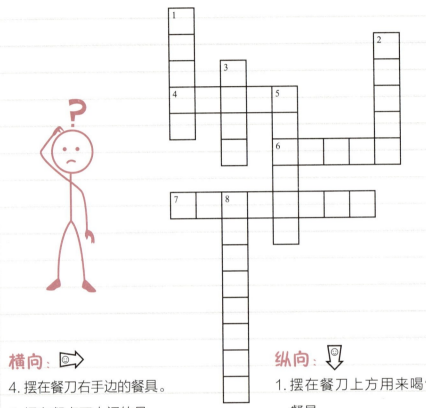

横向：☺➡️

4. 摆在餐刀右手边的餐具。

6. 摆在餐桌正中间的是 _____。

7. 一种分为三个步骤的就餐方

　式——切、换手、食用。

纵向：☺⬇️

1. 摆在餐刀上方用来喝饮品的

　餐具。

2. 摆在餐盘右手边的餐具。

3. 摆在餐盘左手边的餐具。

5. 在就餐之前放在腿上的物品。

8. 一种分为两个步骤的就餐方

　式——切、食用。

单词：餐盘（peate），餐刀（knife），餐叉（fork），餐勺（spoon），杯子（glass），餐巾（napkin），美式（american），欧式（european）

第五部分：
用餐礼仪之找词游戏——赢得 5 张奖券！☺

（提示：可以参考下文提供的英文单词）

```
R W C N Z U O W K S E N Y L Z
T F O D Y Y W F G F M M G M N
B L N O E Q S O C T I P Q Z W
D P T N Q H R X B E T M M O D
N T I V G G S M G E L B A T Q
M F N W K I L I A V A Y Q U S
X H E A J A S M N U E K Z L N
M Z N I V J E V D I M K I S N
D X T J R R Y U A E F S P F I
K Z A P I W B Z V N O K R F
R J L C M V B G K E O N P Q E
O N A P K I N R T N F L B T Q
F N A C S B L U E B E S E U L
R P C C J K A Q G A U Z P Y F
G N I K N I R D S S D Z G O Q
```

美式（AMERICAN）　　　　　面包（BREAD）

欧式（CONTINENTAL）　　　喝（DRINKING）

结束的（FINISHED）　　　　餐叉（FORK）

餐刀（KNIFE）　　　　　　用餐时间（MEALTIME）

餐巾（NAPKIN）　　　　　　餐勺（SPOON）

餐桌（TABLE）　　　　　　餐具（UTENSILS）

V 手势（VSIGN）

游戏挑战的答案

游戏挑战

（#1） 　1.餐刀应摆在紧挨餐盘右手边的位置。2.面包盘应摆在主餐盘左上方的位置。3.餐巾应放在左边。4.汤勺应摆在餐刀的右边。5.水杯应放在餐刀上方偏右的位置。

正式用餐时餐桌摆设如右图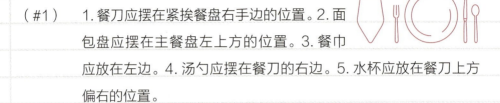

（#2） 　对

（#3） 　如果面前摆有两把叉子，应该首先使用最外面的叉子吃前菜，紧挨着主餐盘的第二把叉子是主餐叉。

（#4） 　1，因为传菜和上菜有规则。

（#5） 　字母b和d记忆法；巧用"站队法"；单词"FORKS"记忆法。

游戏开始

第一部分：你说了算！

　1.不做，2.不做，3.不做，4.做，5.做，6.不做，7.不做，8.不做，9.做，10.不做，11.不做，12.不做，13.不做，14.做，15.不做，16.不做，17.不做，18.不做，19.不做，20.不做。

第二部分

　1.b，2.b和/或d，3.b，4.b，5.b，6.a，7.b 递一下面包筐 8.b和d，9.b，10.b，11.c或d，12.c，13.c，14.b或c，15.b，16.a，17.d，18.b

第三部分：游戏大混战

答案各有不同，请和教练（一名大人）商量一下

第四部分：字谜游戏

横：☺⟹ 4. 餐勺 6. 餐盘 7. 美式

纵：⬇ 1. 杯子 2. 餐刀 3. 餐叉 5. 餐巾 8. 欧式

第五部分：找词游戏

```
+ + C + + + + + + E + + + +
+ + O D + + + + + M + + + +
+ + N + E + + + + I + + + +
+ + T N + H + + + T + + + +
+ + I + G + S + + E L B A T
+ + N + + I + I A + A + + + S
+ + E + + + S M N + E + + L K
+ + N + + E V + I M + I S N
+ + T + + R + + + F S P + I
K + A + I + + + + N O + + F
R + L C + + B + + E O + + + E
O N A P K I N R T N + + + +
F N + + + + U E + + + + + +
+ + + + + + + + A + + + + +
G N I K N I R D + + D + + + +
```

（列，行，方位）

美式（9, 6, WS）

面包（7, 11, ES）

欧式（3, 1, S）

喝（8, 15, W）

结束的（11, 9, WN）

餐叉（1, 13, N）

餐刀（15, 7, S）

用餐时间（11, 8, N）

餐巾（2, 12, E）

餐勺（14, 8, WS）

餐桌（14, 5, S）

餐具（8, 13, EN）

V 手势（8, 8, WN）

奖券积分排行榜

完成每一项挑战或一项练习后，请一位大人在一张奖券上画钩，看看你收集了多少张奖券。

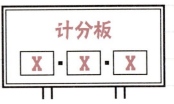

计分板

X · X · X

笔记：

益 智

餐桌布置排排队

MP

B

DF

N

D

S
K

玩家包括：

MP– 主餐盘
DF– 主餐叉
K– 餐刀
S– 餐勺
B– 面包盘
D– 饮品
N– 餐巾

正式晚宴餐桌布置排排队

W

D

S

K

DS & F

MP

B

SF DF

N

玩家包括:

MP-主餐盘
DF-主餐叉
K-餐刀
S-餐勺
B-面包盘
D-饮品
N-餐巾
SF-沙拉叉
DS&F-甜品勺和甜品叉
W-红酒杯

游戏计划 #3：说话的艺术

目标：

如何和陌生人开始谈话？只需一点儿练习，和任何人谈话都可以愉快有趣。把对话想象成一场网球比赛，放松，发球，然后练习。准备好和他人开始谈话了吗？

需要的生活技能：

- 复习神奇词汇
- 宣布玩家
- 身体语言和语音语调
- 对话的基本常识
- 实战演练
- 提问

需要的组成部分：

- 你
- 和你一起练习的父母和兄弟姐妹

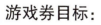

游戏玩法：

- 接受挑战
- 在完成挑战、游戏结束之后，请一位大人在奖券上打钩
- 用奖券和教练（你的父母）兑换游戏奖品

游戏券目标： -------------------------------

游 戏 奖 品： -------------------------------

使用神奇词汇

在所有的对话中，有一些词汇和短语很重要且经常会用到。你也许听过它们的名字——神奇词汇。

最常用的神奇词汇：

+ 谢谢——表达谢意的礼貌用语。

+ 请——在任何提要求的时候，一定要加上"请"。

+ 不客气——对于"谢谢"的礼貌回答是"不客气"。

+ 打扰一下——在引起不便的时候使用，如撞到了其他人或者不小心打了嗝的时候。

休息一下！
当当当，谁在敲门？
Tank！
Tank 是谁？
不客气.

+ 对不起——用来道歉的词汇。一个简单的对不起可以让他人知道你不是故意的。另外，没有完全理解别人的意思时可以说："对不起，可以再重复一遍吗？"

规则破坏者

+ 不要撞了人还一言不发。

+ 当别人说"谢谢"时，不要只点头或什么也不说，要记得说"不客气"。

+ 接受道歉时不要这么说："没关系，但刚才真是你的错。"

在对话中
使用礼貌用语。

游戏挑战 #1： 给下面的句子施加一些魔法。

1._____，递给我一些牛奶。

2.有人递给你一块曲奇，你应该说 _____。

3.你没有听清朋友刚才的话，这时你应该说 _____。

介绍大家相互认识

你参加过有很多认识的人参加的大型活动吗？突然间，你身边站着足球队的莎莉和棒球队的亨利，你应该先介绍谁呢？别担心，应对这类情况需要一些练习，并且没有人会责怪你弄错了顺序。最重要的一点是，你介绍了大家相互认识。

> 记得介绍大家
> 相互认识。

谁先来呢？

先向年长的人介绍

"周太太，这是我的朋友杰夫。"
"杰夫，周太太是我爸爸的同事。"

休息一下！
—谁在敲门？
—安妮
—安妮是谁？
—安妮（Annie 与 any 谐音）是任何人。

先向女士介绍

"杰克森太太，这位是我的棒球教练，斯温先生。"
"斯温教练，杰克森太太是我的英语老师。"

记得最先和更重要的人开始谈话

"加拉赫教练，这是我的兄弟马克。"
"马克，这是我的篮球教练，加拉赫先生。"

记住他人的名字

介绍他人时要使用日后可以互相称呼的名字。

忘记了名字怎么办？急中生智！先介绍认识的人，通常另一个人会主动介绍自己。

名字被念错。如果别人念错了你的名字，更正一下是可以的。我的儿子在一次夏令营的时候，被人叫了一周的查尔斯而不是他的名字查理，因为他不敢更正别人的错误。其实，一句简单的"我叫查理"就会避免这一周的错误。

介绍他人时说明你介绍的是谁，说出他们的名字。

游戏挑战 #2:

今天，你来介绍一个人。

身体语言和语音语调

你可以判断出对手的下一步动作吗？不用言语，人与人之间其实就能够相互交流。说话的时候，身体也在表达一些信息。事实上，一些人指出，90% 的交流是通过身体语言来完成的。也就是说，谈话时的身体语言非常重要。坐好，站直，注意面部表情，要有眼神交流！注意手部动作，不过，手部动作太多会让人分心。点头可以说明你感兴趣，但是一直点头会令你看起来过于兴奋。

> 说话的时候要注意肢体语言。

一个大大的微笑 ☺

微笑是强有力的工具。一个大大的微笑会令你看起来愉快又自信。笑得越多，愉悦感越高。微笑会增加他人和你交流的愿望，会使你的声音更柔和，使你的话听起来友好又温暖。对话的时候要记得微笑。

> 交流的时候要微笑。

> 休息一下！
> ——当当当
> ——谁在敲门？
> ——杜威.
> ——杜威是谁？
> ——总是讲笑话的杜威！

眼神交流规则（RICA 规则）

眼睛是为眼神交流规则而生的！为什么要有眼神交流？

- R 尊重（Respect）——直视对方的眼睛从而获得尊重。眼神交流可以显示出你听懂了别人在说什么，而且你了解这些内容对对方很重要。

- I 兴趣（Interest）——眼神交流会让对方明白你对谈话内容很感兴趣。如果你看向别处，这会让对方误解你觉得谈话很无聊。

> 讲话的时候，要注意眼神的交流，以示尊重、感兴趣、理解和感激。

* C理解（Comprehend）——说明你真的懂了，眼神交流可以表明这一点。

* A感激（Appreciation）——一个内容丰富的眼神可以表达你的真诚。

游戏挑战 #3: 来玩看手势猜词游戏。用身体摆姿势来表达下列词组，让父母猜猜你在演什么。

* 无聊
* 生气
* 害羞
* 高兴

个人空间

　　舒服的谈话发生在舒服的身体空间内。要注意的是，不是所有人都习惯面对面很近地谈话。多数人喜欢谈话时身体之间有45~46厘米的距离——大约和胳膊一样长。

有点太近了！

规则破坏者

* 谈话时不要皱眉。
* 说话时不要四处乱看。
* 谈话时双手不要交叉在胸前，这会令你看起来很生气。
* 不要和他人贴得太近。
* 不要含糊地说话，要清晰。

谈话时尊重身体的空间。

游戏挑战 #4： 在不同的身体距离区间写下你觉得合适的人。

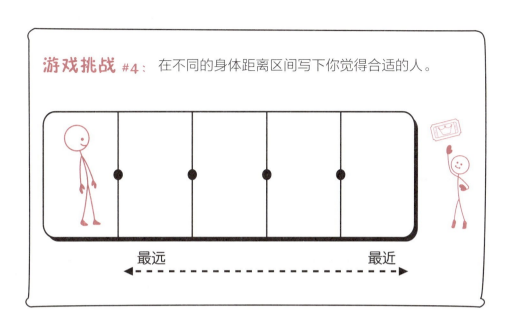

最远　　　　　　　　　　　　　最近

语音语调

我很高兴!

说话时要
注意语调!

如何说和说什么一样重要。

有时候语调比声音传递的信息更强烈。

语音语调甚至可以完全改变想要表达的意思。

游戏挑战 #5： 语音语调可以影响表达的内容吗？请你用不同的语调说出下面的话：

✥ 我有好多作业要做。（高兴地）（忧伤地）（惊讶地）

✥ 我觉得你的发型很棒！（高兴地）（忧伤地）（惊讶地）

✥ 我喜欢打棒球。（高兴地）（忧伤地）（无聊地）

控制音量

假装你说话的时候有个麦克风，可以调高或调低音量。根据不同的场景调整音量的大小，从轻声细语到声音洪亮。使用不合适的音量会让他人感觉不舒服，所以一定要选择合适的音量。

根据不同的场景调整音量。

游戏挑战 #6： 在正确的音量上打钩。

1. 在图书馆学习　　　　轻声　正常　大声
2. 在校车上　　　　　　轻声　正常　大声
3. 吃午饭时聊天　　　　轻声　正常　大声
4. 看电影　　　　　　　轻声　正常　大声
5. 在户外玩　　　　　　轻声　正常　大声

对话的基本常识

对话讲究一来一回，不要害羞，勇敢一点儿，用问一个问题来破冰。

聊起来

理想的开始：

1. 介绍自己。

2. 使用你了解的关于对方的任何信息。

3. 问一个问题。不要只问可以简单回答"对"或"错"的问题，要问关于谁、什么、在哪、何时等问题。这样的问题能引出更为具体的答案，从而引出更多的问题。

4. 介绍一些自己的情况。

5. 真诚地赞美对方，例如："我真喜欢你的裙子。"

开始对话的第一步是聊起来！

游戏挑战 #7：改变下列提问的方式，让谈话更容易进行。

1. 你喜欢比萨吗？

2. 你最喜欢哪支棒球队？

3. 你住在城里吗？

让对话更有趣……

每个人都希望别人对自己感兴趣。你可以通过问问题或者赞美别人来表达对对方的关注。你最喜欢的队员是谁？你效力于哪支球队？你父亲喜欢棒球吗？记得准备好话题和问题。当谈话即将结束的时候，可以说"你听说过……吗？"然后向别人分享一些趣事。

对对方表现出兴趣。

- ✛ 天气
- ✛ 棒球比赛
- ✛ 节日活动
- ✛ 一本好书
- ✛ 一个新电影
- ✛ 在学校发生的趣事

游戏挑战 #8： 你在学校认识了一个新朋友。写下三个可能的话题，准备好了吗？开始！

1.

2.

3.

像打网球一样聊天

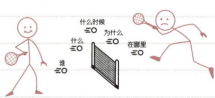

你打网球吗？聊天就像打网球一样，有来有往，轮流说话。你先问别人一个问题或者表达一个想法，然后对方回答问题或者表达他的想法，大家有来有往。实力相当的选手和势均力敌的比赛或谈话总是最有趣的。保持对话进行的最好方式就是倾听！寻找共同的兴趣或朋友，谈论你身边发生的事件。无论你们有多么不同，总是有办法找到共同点。仔细倾听，表达兴趣，不要打断别人的话。如果不得不打断别人说话，可以礼貌地使用"打扰一下"。要做你自己，不要撒谎或者假装一个不是你自己的人。

> 把聊天当作是一场有来有往的网球比赛。

> 倾听，做你自己，不要打断别人说话。

磕磕巴巴和填充词

有时候，当大脑在寻找合适词汇的时候，嘴没有同步，就会说一些没什么实际意义的词汇和短语。

❖ **磕磕巴巴语气词**——呃，哦，啊，嗯。

❖ **磕磕巴巴词汇**——基本上，实际上，事实上，比如。

❖ **填充词**——我认为，你知道，我想说的是。

说话磕磕巴巴或者使用填充词会让你显得不够自信，所以，说之前要先想好，"这就是我要说的"，然后再说，并且说清楚！

降低语速，注意语言的准确性。就像打棒球的时候，休息一下，思考球要投向哪边。随意投也许并不是聪明的玩法。

> 降低语速，丢掉磕磕巴巴和填充词，不跑题。

暂停——如果出现磕巴或者要使用填充词的话，休息一下，用沉默代替这些词组。

切题——不要在不同话题之间来回跳跃。

不要打断别人说话——打断别人说话就像在对手发球的时候，你却跑到前面去分散他的注意力。

规则破坏者

❖ 不要谈论你有多少钱，或者买东西花了多少钱。

❖ 和成人说话的时候，不要使用"哦"或"算了"等说法。

> **游戏挑战** #9：选一个话题，想想你会说什么，录下来。你可以避免磕磕巴巴和填充词吗？多试几次。

说话时要有同理心

　　同理心是感同身受的能力。如果你正和一位朋友聊天，从她的表情中，你就可以判断出她很伤心。因为是面对面交谈，我们可以多关注一些他人的需求，然后在聊天时表现出同理心。

富有同理心的表现：

❖ 敏感捕捉——读懂他人的表情，理解他们的情绪。

❖ 倾听——告诉对方你听懂了。重复他刚说的话。"我听到你的意思是……"

❖ 表现同理心——无论你是否赞同、接受朋友的情绪，都可以说："我可以理解你为什么不开心……"

游戏挑战 #10： 理解同理心。你的朋友因为你没有带她玩儿感到不开心，你该说些什么让她好受一些？圈出最理想的答案。

1. 我不知道你为什么不开心。

2. 我知道你可能觉得我们是故意不带你玩，其实是因为我们以为你不想和我们玩。

3. 你是对的，我们本来就不想带你玩。

越界谈话

　　如果我们不知道要说什么，可以用一些合理应对的办法。如果你不喜欢，最好不要说出来，因为说出来会不礼貌。这时候，谈话就需要策略和技巧了。

　　场景：你的朋友正在吃一个你觉得很恶心的三明治。

　　失败的做法：直接说三明治不好。

　　理想的做法：什么都不说，看着朋友吃完三明治。

规则破坏者

- ❖ 不要说不合适的话。
- ❖ 不要在严肃的场合开玩笑。
- ❖ 不要忽略他人的感受。

在想问题吗

用 "5W1H" 问问题。

用一个好问题使对话进行下去，这个技巧也被称为 "5W1H" （"谁、什么、在哪、什么时间、为什么和怎么做"）技巧。

谁 (who)	一个人
什么 (what)	一件物品或是一个动作。如书、体育运动、游戏、跑步、绘画等
在哪 (where)	一个地方。如操场、训练场、公共汽车等
什么时候 (when)	一段时间。如晚上、白天、季节、时间、日期等 一条理由
为什么 (why)	所有细节……
怎么做 (how)	

游戏挑战 #11： 你可以想到多少问题？

奖励：5 张奖券！

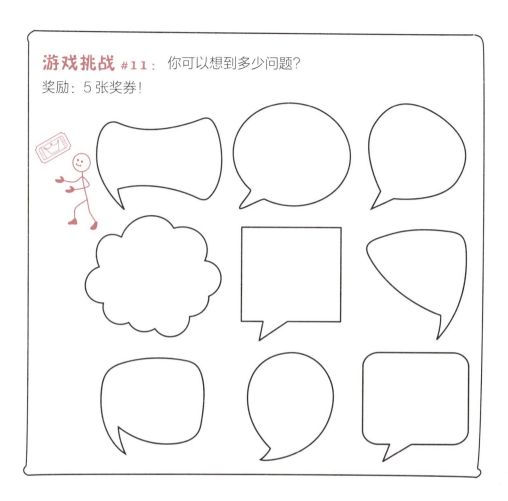

游戏挑战 #12： 用问题来引导对话。选一位朋友，填完下面的表格，你和朋友分别读自己的部分，让对话进行下去。

你：我有一只狗。　　　　你的朋友：它的名字叫什么？

你：罗拉。　　　　　　　你的朋友：是什么样的狗？

你：黑色拉布拉多。　　　你的朋友：

你：　　　　　　　　　　你的朋友：

你：　　　　　　　　　　你的朋友：

你：

对话实战演练

把一场对话想象成一场橄榄球比赛，成功的对话就像是达阵得分！你从问候对方开始，每交换一次对话，就像比赛前进了一步。在 50 码的时候，你完成了一半对话，交换了球权。在你逐步结束对话的时候，你到了球门区，达阵得分！

最佳玩法：

1. 多听少说。多点头，表示你在听，可以使用一些语气词——嗯，啊。

2. 准备不同的话题和问题。

3. 轮流说话。

> 好的对话需要练习、制定计划。

4. 先想后说。

5. 使用神奇词汇。

规则破坏者！

❖ 不要打断别人说话。

❖ 在多人聊天时，不要只跟一个人说话。

❖ 不要过度分享信息。

❖ 不要吹牛。

❖ 不要假装在听。

> 好的做法包括倾听、准备、轮流、思考和有礼貌。

游戏挑战 #13： "你先来"。你和朋友同时说了一句话，这时候你该怎么办？

1. 提高音量，更加主动，让对方明白你想要先说。

2. 使用"你先来"，让朋友先说。

3. 决定什么都不说了。

实战 #1

基本对话训练

第一步，游戏开始

- 你好！
- 有什么近况？
- 最近怎么样？
- 我的名字是……

第二步，继续对话或者提问

- 最近在忙什么？
- 我听到一个很搞笑的事。
- 我和你说……
- 你是哪里人？

第三步，聊天

- 轮流。
- 双方都不要跑题。
- 不要打断对方。
- 用"谁、什么、在哪、什么时间、为什么和怎么做"来问问题。
- 倾听。
- 给予正面反馈。

第四步，快速结束对话

- 我现在要走了。
- 原来已经这么晚了，我得赶快走了。
- 祝愉快。
- 很高兴见到你。

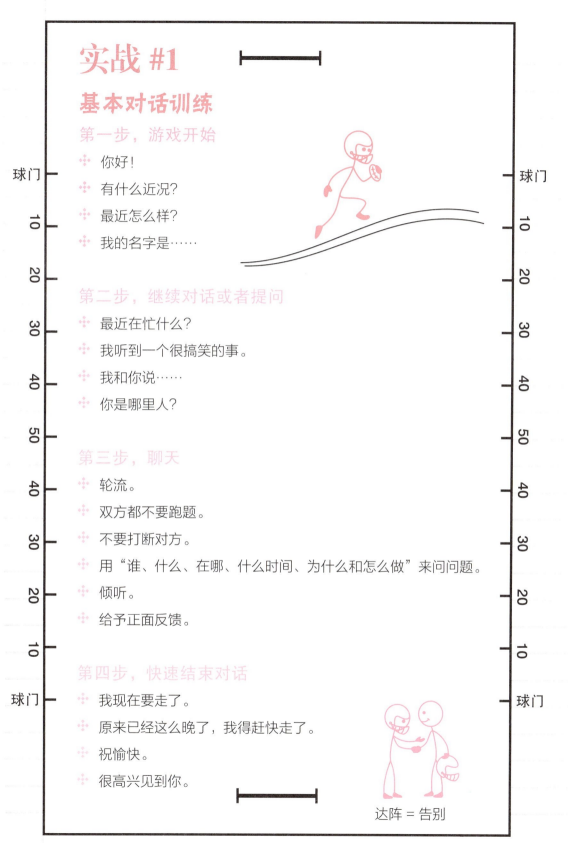

球门 10 20 30 40 50 40 30 20 10 球门

达阵 = 告别

实战 #2
初次见面

第一步，游戏开始——决定当前是不是主动认识某个人的好时机。介绍自己，询问对方的姓名。

你：你好，我是尼奇。你叫什么？

对方：我叫查理。

你：很高兴认识你，查理。这是一个好名字，我哥哥也叫查理。

第二步，继续对话或者提问。

如果是在一个朋友的生日聚会上，可以问问其他人是怎么认识这位朋友的。这是锻炼找话题并且将话题继续下去的能力的好机会。提问并表现出兴趣，倾听。

第三步，聊天。

轮流交谈，双方应讨论同一个话题。不要打断别人。用特殊疑问词来问问题，记得要问开放式的问题。

你在哪里上学？你玩什么体育运动？请问你的年龄？你住在哪里？你最喜欢哪支球队？

第四步，简短解释离开的原因，结束对话。

"我现在得离开了……" "原来已经这么晚了，我得走了。"

达阵 = 告别

游戏挑战 #14： 你正在参加一个生日聚会，你并不认识坐在你身边的人，你该做些什么？在横线上填写你的答案。

第一步，游戏开始

_____

_____

第二步，用一句评论或者一个问题开始对话

_____

_____

第三步，聊天

_____

_____

第四步，简要解释准备离开的原因

_____

_____

达阵 = 告别

复习交流的好行为

游戏计划 #3：说话的艺术

1. 在对话中使用礼貌用语。

2. 介绍大家相互认识。

3. 介绍他人的时候先称呼他人的名字。

4. 聊天的时候注意肢体语言。

5. 在交流时要保持微笑。

6. 交谈时，使用眼神交流法则来体现尊重、兴趣、赞赏和感谢。

7. 交谈时注意个人空间。

8. 说话时注意语音语调。

9. 随着不同场景，调节语调高低。

10. 聊天的第一步是把话题进行下去。

11. 展现对他人的兴趣。

12. 把聊天想象成打网球，要有回合。

13. 倾听，做自己，不要打断别人说话。

14. 减慢语速，丢掉磕磕巴巴和填充词，不要跑题。

15. 同理心是对他人情绪感同身受的能力。

16. 使用特殊疑问词提问。

17. 高超的说话技巧需要练习，提前制定好你自己的计划。

18. 优秀实战计划包括：倾听，准备，轮流交谈，思考和使用礼貌用语。

游戏开始了!

第一部分：你说了算！

在下面的横线上填"做"或"不做"。

1. _____朋友来参加你的生日聚会，给了你礼物，你接过来，只点了点头。

2. _____你的哥哥／弟弟弄坏了你的游戏，向你道歉，你说"好吧，我原谅你"。

3. _____在过道里你撞到了一个人，她被撞倒了，你喊道："嘿！好好看路！"

4. _____简第一次和乔见面，她微笑着，站得笔直，然后向乔介绍了自己。

5. _____乔和尼奇说话的时候一直在看自己的脚。

6. _____第一次和某人见面时，要表现出你对他感兴趣。

7. _____桑迪在和朋友讲故事，"呃，啊，简想要，你知道，在班里给同学讲一个故事。我想说的是……"

8. _____和别人聊天时，先想好一个聊天提纲。

9. _____你正在和一群人说话。约翰在聊橄榄球，吉尔并不是很了解橄榄球，你想让吉尔参与到谈话中来，所以你给吉尔解释约翰正在谈论的是上周末的一场重要比赛。

10._____家里正在举办一场晚宴。妈妈的朋友问你是否喜欢橄榄球，你回答说"还行吧"。

第二部分：游戏大混战！

邀请家人和朋友一起玩这些游戏。

每个游戏值一张奖券，玩的次数越多，赢得的奖券越多。

聊天挑战——找一个谈话对象，从简单的话题聊起，然后挑战一下自己，开始聊一些你非常不熟悉的话题。

- 最喜欢的网球手
- 明天的天气
- 最喜欢的运动
- 最喜欢的乐队
- 红色和蓝色
- 住在加利福尼亚或者一个你没听说过的州是怎样的生活
- 吃毛毛虫软糖、纸杯蛋糕、菠菜等

持续聊天——和父母或者兄弟姐妹来练习如何把话题持续下去。假装你是第一次认识他们，准备一个球相互传递。拿到球的就要开口说话。练习倾听、轮流交谈和表现对他人的兴趣。

边吃边聊——开始聊聊吃饭的时候应该说什么吧。每周选一个话题，全家都参与。选一天来聊这个话题，每个人都要提前准备。在吃完饭的时候好好地聊一聊这个话题，全家都将感到很欢乐！

角色扮演

✤ 父母的一位朋友来你家拜访，请你介绍一下自己。

✤ 邻居家新搬来一个小男孩 / 小女孩，请你介绍一下自己。

✤ 你带回家一位新朋友，介绍父母和这位新朋友相互认识。

✤ 班里新来了一位同学，请介绍一下你自己。

✤ 你要拜访住在欧洲的堂兄。你从美国飞了很久刚到他家，该怎样开始对话？

改变语调——使用不同的语调叙述下列句子——悲伤地、疯狂地、生气地、高兴地、大声说、轻声说，你喜欢哪种语调？

✤ 感谢晚餐，妈妈！

✤ 我把麦片撒到地板上了，真是抱歉！

✤ 我能再来一块饼干吗？

芝麻开门！你可以把下面的是 / 否问题改成开放式问题吗？

✤ 你今天过得好吗？

✤ 你今天在学校高兴吗？

✤ 你愿意和安妮玩吗？

✤ 你喜欢棒球吗？

聊天小侦探——让你的一位朋友滔滔不绝地说 5 分钟，你在认真听的同时能想出 5 个你觉得他会喜欢的话题吗？仔细听，寻找线索。

第三部分：说话的艺术之字谜游戏 ☺

（提示：可以参考下文提供的英文单词）

横向：

3. 聊天时应该避免的磕磕巴巴词汇

4. 用来道歉的词汇

7. 一定要 _____ 对方认识。

8. 表达感谢的一种礼貌说法。

纵向：

1. 谁、什么、为什么、在哪里、什么时候

2. 对他人情绪感同身受的能力

5. 和别人说话的时候表现出尊重、兴趣、理解和感谢

6. 你的 _____ 有时比声音传递的信息更多

　　单词：同理心（empathy），问题（questions），填充词（fillers），谢谢（thanks），对不起（sorry），介绍（introduce），眼神交流（rica），语调（tone）

第四部分

说话的艺术之找词游戏——赢得 5 张奖券！ ☺

（提示：可以参考下文提供的英文单词）

```
C R L D H S L E B T F C A B L
Y O X I T E V V W S M J P O O
N A M H S I W Y T E K S Q D F
T X I U T T F A Q R E M A Y J
S N O I T S E U Q E C Q D L T
K D S D X X P N M T N U X A Z
H O A C I R M A I N T O W N L
P W N G M O G N M I V V T G R
T W E I U Z T I O D I D A U L
C V D O M R U H O O L N S A H
B M M J O X Y J F J D E M G L
J X S D N D A F T L K P I E D
W J U A Y K N A T U R A L F L
C C H Y F Y M H O A C I E B U
E L Q L W L Y U K Q H I N K A
```

身体语言（BODY LANGUAGE）　　现场地图（FIELD MAP）

兴趣（INTEREST）　　介绍（INTRODUCE）

倾听（LISTEN）　　自然的（NATURAL）

积极的（POSITIVE）　　问题（QUESTIONS）

眼神交流（RICA）　　微笑（SMILE）

思考（THINK）　　语调（TONE）

游戏挑战的答案

游戏挑战

（#1） 1.请，2.谢谢，3.对不起可以重复一下吗？

（#2） 使用"谁先来？"的小技巧

（#3） （你的演出怎么样？）

（#4） 答案各有不同，和教练商量一下

（#5） （你的语调怎么样？）

（#6） 1.轻声，2.正常，3.正常，4.轻声，5.大声

（#7） 1.你喜欢吃哪种比萨？ 2.给我讲讲你最喜欢的棒球队吧。3.你
住在哪里？

（#8） 答案各有不同，和教练商量一下

（#9） 使用电脑、IPAD 或手机录音。祝好运！

（#10） 2

（#11） 答案各有不同，和教练商量一下

（#12） 答案各有不同，和教练商量一下

（#13） 2

（#14） 答案各有不同，和教练商量一下

游戏开始

第一部分：你说了算！

1.不做，2.做，3.不做，4.做，5.不做，6.做，7.不做，8.做，9.做，
10.不做。

第二部分：游戏大混战！

答案各有不同，和教练（一名大人）商量一下

第三部分：字谜游戏

横：➡ 3.填充词　4.对不起　7.介绍　8.谢谢

纵：⬇ 1.问题　2.同理心　5.眼神交流　6.语调

第四部分：找词游戏

```
+ + L + + + + E + T + + + B +
+ + + I T + V + + S + + + O +
+ + + H S I + + + E + + + D +
+ + I + T T + + + R + + + Y +
S N O I T S E U Q E + + + L +
K + S + + P N + T N + + A +
+ O A C I R + A I N + O + N +
P + + + + + N M I + + T G +
+ + + + + + T + + D + + + U +
+ + + + R + + + + L + S A +
+ + + + O + + + + + E M G +
+ + + D + + + + + + + I E +
+ + U + + N A T U R A L F +
+ C + + + + + + + + + E + +
E + + + + + + + + + + + + +
```

（列，行，方向）

身体语言（14, 1, S）

现场地图（14, 13, WN）

兴趣（10, 8, N）

介绍（9, 7, WS）

倾听（3, 1, ES）

自然的（7, 13, E）

积极的（1, 8, EN）

问题（9, 5, W）

眼神交流（6, 7, W）

微笑（13, 10, S）

思考（5, 2, WS）

语调（13, 8, WN）

奖券积分排行榜

每完成一项游戏挑战，请大人来打钩，欢迎重复挑战赢取更多奖券。你得了几张奖券？

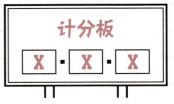

笔记：

DIY 对话卡片

　　玩这个游戏可以激发家庭对话热情！把下面的卡片剪下来，做一个"家庭对话罐"。一个人选一张卡片，每个人都可以回答这个卡片上的问题，或者是每个人都挑选自己的问题。倾听，然后轮流进行这个流程。

每年的季节	喜欢的运动	计划一个梦寐以求的旅行
你喜欢哪个季节？为什么？你知道一个关于你喜欢的季节的知识吗？请讲一个在这个季节的有趣的家庭活动。	你喜欢的运动是什么？你喜欢的运动员是谁？你喜欢的运动队是哪个？讲一个关于你喜欢的运动的有趣的原因。	这个旅行的地点在哪里？谁会参与这个旅行？你会做什么？讲一个你为什么做这个选择的有趣的原因。

喜欢的糖果	运动的重要性	超能力
你喜欢吃哪种糖果？每天吃很多糖果会出现什么情况？	为什么我们需要运动？运动的形式有哪些？我们应该一周运动几次？你最喜欢的运动是什么？你最不喜欢的运动是什么？	如果你可以拥有某项超能力，你会选哪一种？为什么？

动物	你最喜欢的事物	10 秒钟的名望
如果你可以成为一种动物，你想成为哪种？为什么？	你生命中不可或缺的一样东西是什么？为什么？	如果你可以拥有全世界对你10秒钟的关注力，你会说什么？为什么？

最好的假期	关于你的有趣的事情	教一天课
你最想庆祝的假期是哪一个？为什么？	列举三个关于你的有趣的事情。	如果你可以为一个班教一天课，你想选择什么主题？你将会怎么做？

101

游戏计划 #4：餐厅举止

目标：

　　每个人都会时不时地去餐厅用餐。相比在家吃饭，在餐厅吃饭有四个显著的不同点。祝你用餐愉快！

1. 有衣着的要求
2. 有服务员在你用餐时为你服务
3. 你可以决定你的餐品
4. 很多别人和家庭也在那里，你的行为影响着你周边的每一个人

玩家任务：

✤ 衣着
✤ 谁是谁
✤ 1对1点单
✤ 有挑战的食物
✤ 餐厅礼仪

需要的组成部分：

✤ 你
✤ 参与的父母、兄弟姐妹或朋友
✤ 餐桌和餐具等器具，餐巾和食物

游戏玩法：

✤ 接受挑战
✤ 在完成挑战游戏后，请一位大人在黄金奖券上打钩
✤ 找教练（你的父母）用奖券兑换游戏奖品

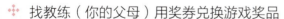

游戏券目标： -

游戏奖品： -

注意自己的衣着

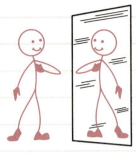

有多少次因为要去一个高雅的餐厅，你的父母让你换身衣服？

你的穿着能展示你自己，同时还会影响别人对你的看法。

得体的穿着诀窍是：要让穿着与去的地方、环境相匹配。

我们的穿衣选项

非正式：到快餐店和小饭店吃饭适合穿非正式的衣着。有一种特别休闲的穿着风格叫作保持本色，当然，还是有一些限制的。除非你在沙滩上，否则你要穿上鞋子。在室内和吃饭的时候，要摘掉棒球帽，保持干净整洁。在长时间运动，或者出大量汗，有汗味后，不要直接去外面用餐。不要穿睡衣或者浴衣出门，除非是睡衣派对。

> 根据场所和当时的情况，选择自己的穿着。

> 正式的穿着指导见本书第129页。

休闲：休闲装意味着体面和舒适，比周六刚起床的装束要稍微正式一点儿，避免穿有汗迹或脏渍的衣服。干净的 T 恤加牛仔裤就很完美。

商务休闲：成年人常穿的风格，衣着休闲同时还符合工作的需要。如果你打算和父母一起出门，那么意味着你要穿得比 T 恤加牛仔裤更正式一点儿。也许 Polo 衫加好看的裤子，或者休闲的裙子和上衣都是不错的选择。

随性优雅：穿衣就是为了让人过目不忘，可以选择华丽版的休闲穿着，男孩们可以穿西装或夹克配漂亮的裤子，女孩可以穿漂亮的连衣裙加鞋子。

游戏挑战 #1： 根据上面对穿着的描述，你应该穿什么样的衣服去饭店？有的时候答案不止一个，请与你的父母讨论一下。

- 浴衣和拖鞋
- 西服和领带
- 聚会时穿的裙子和鞋
- 牛仔裤或裙子和球鞋
- 牛仔裤和带领子的衬衫
- 背心裙和舞会鞋
- 短裤和Ｔ恤

评价餐馆

休闲还是正式餐馆？

餐馆的类别决定我们的行为和着装。最简单的餐厅评价方式就是星级体系，餐馆的星级越高，着装要求和礼仪要求就越高。一个沙滩摊位可能是一颗星，一个非常正式的酒店可能是五颗星。

> 饭店的类别决定你的着装和行为举止。

休息一下！

问：为什么打高尔夫球的人穿了两条裤子？
答：以防他的一条裤子打出了一个洞！

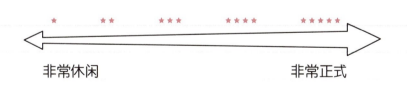

★　　★★　　★★★　　★★★★　　★★★★★

非常休闲　　　　　　　　　　　　非常正式

游戏挑战 #2： 哪种风格的服务符合描述？

1. 餐具和食物放在了单独的餐台或桌上，人们为自己服务。

　　A. 家庭风格　B. 自助餐　C. 餐厅风格　D. 快餐风格

2. 每个人的餐食都在厨房准备好，然后再端出去给顾客。

　　A. 家庭风格　B. 自助餐　C. 餐厅风格　D. 快餐风格

3. 准备好桌子，把食物放在桌子上，人们自己服务。

　　A. 家庭风格　B. 自助餐　C. 餐厅风格　D. 快餐风格

休息一下！

问：为什么蔓越莓变成了红色？
答：因为它们看到了沙拉酱。

规则破坏者

❖ 不要穿短裤和 T 恤去一个正式的餐厅。

❖ 不要不在乎穿衣要求，如果你的父母告诉你要穿西服和打领带，你就要穿上。

游戏挑战 #3： 餐厅评级。你能给餐厅评级吗？

1. 餐桌的铺有白色的桌布，漂亮的瓷器和其他餐具。服务员会说："我可以给您点餐吗？"

　　★　　　★★　　　★★★　　　★★★★　　　★★★★★

2. 你坐在野餐的长椅上，有人给你几套纸制盘子和塑料餐具，告诉你比萨马上就做好了，你可以自己去餐台拿饮料。

　　★　　　★★　　　★★★　　　★★★★　　　★★★★★

餐厅里的工作人员分别是做什么的

有很多人在餐厅工作，我们作为顾客应该对工作人员和周围的人表示尊重并以礼相待。

餐厅的前台

餐厅的前台管理餐厅里的桌子，他们接受预定，确保餐厅里不会在同一时间有太多人出现。客人应该按时到来，以免与其他的预定相冲突。这和橄榄球的训练或比赛是按时进行的道理是一样的，比如，有其他人要在你之后进行训练，所以我们要遵守预定的时间。除非是快餐店或是休闲餐馆，否则大部分地方都设有餐厅前台。

> 对工作人员和周围的人尊重并以礼相待。

> 餐厅前台的工作是在门口迎接你，并把你领到座位上。

有时候，你前面的预约晚了（就如有的比赛有加时赛），你需要等一下再落座，请在等待时保持安静和尊重。

休息一下！

问：服务员最爱什么运动？

回：打网球，因为他们发球很厉害！

服务员

这个人将为你点餐，并且给你端送食物。他将告知你今天提供的特别优惠和其他你需要知道的信息。比如，餐馆里的某些东西是否卖光了。作为一名顾客，你可以向服务员提出有关菜单的问题，并且告诉他你希望点好的食物被做成什么口味。

> 服务员是在你用餐时为你服务的人。

男侍应员

男侍应员会帮你换盘、倒水。作为顾客，你一般不会去找他，他帮助服务员让你的桌子维持整洁和水杯充盈。

请尊重餐厅的每一位工作人员。

休息一下！

问：生气的顾客给了意大利服务员什么？

答：大发雷霆。

1对1点单

你在餐厅用餐时，要知道如何看菜单并与服务员交谈，这是很重要的，不要傻坐着，要学习一些规矩！

菜单

菜单会按照不同的菜系对食物进行分门别类。西餐的餐品一般包含前菜、汤、沙拉、主菜、甜品和饮料（有时候指酒水）。

菜单通常会把食物分门别类。

1. 前菜——指主菜前的一道小菜，可能是一份汤或者一份沙拉

2. 主菜——主食

3. 甜品——主菜后的一道小甜食

4. 酒水——酒水饮料

美食专用词

向美食家学习餐厅用语。

单词	释义
单点	食物都分开标价
套餐	两道或三道食物一起固定定价
特餐	某一天或傍晚所增加的特别的食物
早起特餐	一般晚630以前用餐价格会不同
表演前特餐	一般在演出前，餐厅会有一道特餐
裹有面包屑的	黄油面包裹上一层棕色的焦状芝士面包屑
原汁的	在法语中"原汁"一般指上肉类食物的时候，食物外面的汁水
芝士意面	用奶油、黄油和芝士调成的白色酱汁做的意面
砂锅焖鸡	意大利菜，用辣的番茄汁做的鸡
开胃菜	一小盘开胃菜
调味酱	一种白色的酱汁
可丽饼	薄煎饼

游戏挑战 #4：
菜单中的"Alfredo"是什么意思？

游戏开始

1. **做决定**。一般服务员问的第一个问题是："你想喝点什么？"同时他也会问你对菜单有什么疑问没有。一般服务员会先点儿童的饮料，接着是女士，最后才是男士。他会按照顺时针顺序移动。

> 点餐的时候要果断，而且讲话要清楚，有礼貌。

2. **提交菜单**。过一会儿，服务员会来问你是否准备好了点餐，你需要等他来了再点。他会选择从某一位开始，然后一个个轮过来。

3. **要有礼貌**。请别忘了说"请"和"谢谢"。

4. **说话要清楚且明确**。请告诉服务员你的任何要求。例如，你喜欢沙拉的装饰在侧面，牛排的烹煮方式，肉类做成几成熟，等等。

   ❖ 三成熟——几乎全粉红色

   ❖ 五成熟——一点点粉色　　　❖ 四成熟——少许粉红色

   ❖ 全熟——棕色　　　　　　　❖ 七成熟——大部分棕色

5. **耐心等待**。等待上菜时请尽情享受你的面包和饮料。

游戏挑战 #5：
如果你想点一份沙拉，请写清楚你的需求。

信号

你知道餐厅的一些秘密信号吗？

用信号与你的服务员沟通。

信号 1——点单前。合上你的菜单并告诉服务员你准备好点单了。

信号 2——不好意思。如果你需要找服务员，请尽量捕捉他的视线或在下巴的位置挥舞你的手，手指向上。

信号 3——结束用餐。请把需要清洗的餐叉和盘子放好。

信号 4——请检查。信号 2 的延伸，在空气中假装写字或者用嘴巴无声地沟通。

信号 5——参考请客者。如果你不确定吃些什么，参考邀请你的那位。如果你不知道该点多少道菜，也可参考请客者。

游戏挑战 #6： 选择正确的信号

1. 你结束用餐了，应该：

   a. 举起你的手示意服务员。

   b. 对服务员说："我吃好了。"

   c. 什么也不做。

   d. 把餐叉和盘子放好。

2. 你需要一杯新饮料的时候，你应该：

   a. 喊道："服务员，我需要饮料！"

   b. 什么也不做，等他过来。

   c. 轻轻地举起你的手引起服务员的注意。

解决就餐时遇到的问题

如果你点了餐，但你拿到的东西并不是你期待的，你会怎么做？也许它跟你想象的不一样，你很不喜欢，你可以选择什么都不说，把食物吃下去，也可以表现得很粗鲁，或者学会友善地处理，把食物退回去。解决问题的目的是以礼貌、仁慈和理解的方式处理所有问题。不要担心，你的父母会帮助你，但是现在是你自己学着站出来处理困难的时候了。

问题：你很饿，收到了服务员送来的美味的意大利面，但是它并不是你想的那样，他们没有在里面放芝士，你不喜欢吃。

方法：你可以跟服务员道歉，并解释你一定是点餐的时候没说清楚或疏忽了。通常只要你礼貌处理，任何餐厅都会按顾客的意愿来制作食物。

问题：你的冰淇淋来了，但是你把它弄掉在了地上。

方法：礼貌地跟服务员道歉，他应该会给你拿一份新的甜品过来。

游戏挑战 #7：你能找到解决问题的方法吗？

问题：服务员给你拿来了一罐冰可乐，而你真的很渴，突然，你打翻了饮料。

解决方法：

有挑战的食物

一些食物我们可以用手拿着吃。

有一些食物吃起来会比其他食物更具挑战性。遇到一些可以用手拿着吃的食物，我们该如何做？

好玩的手指食物游戏：

三明治：一个普通的三明治你可以用手拿着吃，如果是一个很大、涂抹着酱汁的三明治，你应该用叉子和餐刀来吃。

薯片、薯条、鸡块、汉堡：大多数快餐都是可以用手拿着吃的，但如果是一个很大的汉堡，有很多的配料，你也许会想用餐叉和餐刀。

烤肉：肋骨、热狗、鸡翅等。吃烤肉通常是在非正式场合，所以用手拿着吃也是可以的，但是请记得用餐巾，不要舔手指。

饼干：不需要用到餐叉和餐刀，只需小心饼干屑就好了。

培根：如果培根很脆，最好用手拿着吃。如果你想尝试切培根，它可能会碎掉。

薯条是美国最流行的快餐。

休息一下！
问：你如何修一个破了的番茄？
答：番茄意大利面！

开胃小菜和沙拉：派对上的食物都是用手拿着吃的。

比萨：你喜欢比萨吗？比萨可以有不同的吃法。以下是一些选择：

1. 用餐刀和餐叉切比萨。这是最礼貌的方式，如果比较萨有很多配料，这种方式会很好。

2. 用手把它对折起来。把比萨皮卷成一个U形，有助于接住芝士和配料。

3. 不对折比萨，直接用手拿着吃。这是最好、最简单的吃法。

玉米棒子：两只手用力握住玉米，从左边的几排向右开始吃。小心，不要像打字机一样来来回回。不要在玉米上吃出一个圈来，尽可能啃得整齐些，不发出咀嚼声。小口咬，用餐巾。

有挑战的食物游戏：

汤：从碗里舀汤，要从你的对面舀起，然后放进嘴里，为什么要由远及近地舀？从远离你的一侧舀汤，如果有汤汁滴下来，就会滴进碗里，而不是你的衬衣上。从汤勺的一侧开始喝，这样可以防止汤洒出来。

> 吃有点难度的食物时，要尽可能小心。

樱桃番茄：用餐叉的尖头部分轻轻地刺破番茄的皮，让果汁流出来。如果是吃小番茄，你可以把整个番茄放进嘴里吃掉。如果是吃大番茄，吃之前用餐刀切成两半，小心汁水溅到你的邻桌。

硬的玉米饼：好吃的玉米饼要小心地拿起来。用手从下面包住它，这样你的手就可以接住馅料了。用食指和拇指轻轻捏住玉米饼，封住口子，从一边开始小口地咬着吃，用你的餐叉帮助你接住溢出来的配料。如果你的玉米饼碎成两半了，可以用你的餐叉和餐刀像吃玉米饼沙拉一样吃。

玉米饼：一个非常大的玉米饼应该用餐刀和餐叉来吃，因为里面的馅料太多了，如果用手拿着吃，馅料就会掉下来。

意大利面：意大利面有三种不同的吃法。

1.用餐叉卷几股面叉着吃。

2.用餐叉的一边切断意大利面吃。

3.用一个意大利面专用勺辅助旋转面条，然后用餐叉卷起勺子上的意面吃。

豌豆：豌豆需要用餐叉来吃。试着用餐刀把它们拨到餐叉上。或者用餐叉轻轻地叉着吃。

冰淇淋：一份美味款待！如果是装在碗里的，就用勺子小口地吃。即使很诱人，也不要舔碗。

休息一下！
问：当主厨在烘焙蛋糕时，为什么他跑走了？
答：因为菜谱上写着"拿两个鸡蛋，然后打开"。

规则破坏者

❖ 不要蘸两次酱。

❖ 不要搅拌冰淇淋，使其变成汤；不要舔碗。

❖ 当你吃完手里拿的食物时，不要舔手指。

游戏挑战 #8： 对还是错？

1. 莎拉被允许用手拿着汉堡包吃。

2. 乔吃完美味的玉米饼后，应该舔手指。

3. 杰应该用餐刀和叉子吃硬的玉米饼。

餐厅礼仪

　　你在餐馆的行为，不仅影响到你和家人，也会影响到你周围的每一个人。除了使用基础的就餐礼仪，还要注意一些餐厅礼仪。

好玩的餐厅礼仪游戏：

✤ 在很正式的餐厅等待入席。

✤ 待在座位上，直到用餐完毕。如果你需要去趟洗手间，可以请求离开一下。

✤ 把食物放在盘子里，或放进嘴里，不要放在桌子或地板上。

✤ 穿好鞋子，手和脚不要乱动。

✤ 用适合在室内说话的音量，不要打扰到别人。

✤ 用上你学会的餐厅礼仪。如果你切东西有困难，可以请父母帮助。

✤ 放松，享受与家人一起用餐，对话。

> 我们需要学会最好的餐厅礼仪。我们的行为影响着身边的每一个人。

> 为什么我的父母不带我去一个漂亮的餐厅？

如何用不同的语言说"好吃"？

"Buon Appetito" ——意大利语

"Buen Provecho" ——西班牙语

"Guten Appetit" ——德语

"Velbekomme" ——丹麦语

"Smakelijk" ——荷兰语

"Smaklig Maltid" ——瑞士语

"Afiyet Olsun" ——土耳其语

正式的餐桌布置方式

许多餐厅都会使用比较正式的餐桌布置方式。他们在基本的餐桌布置上，增加了一些新的东西。摆放在你面前的也许会有额外的玻璃杯和更多的餐叉和餐刀。记住了，最主要的一条使用规则是：从最外面的餐具开始使用，逐渐向内使用。当有疑问的时候，你可以看看父母和朋友是怎么做的！

最正式的餐桌布置游戏：

- 把餐巾放在你的膝盖上。
- 按照由外到内的使用规则。如果你点了一份沙拉或开胃菜，可以先用小的餐叉吃，然后用大的餐叉吃主菜。
- 用放在右边的勺子喝汤（如果桌上有一个）。
- 盘子前方的餐具是用来吃甜品的。
- 水杯放在餐刀的前方，酒杯放在勺子的前方。
- 用你左边的面包盘，一次吃一小口面包。
- 餐具使用暗号——用餐休息和用餐结束的放置方法！

规则破坏者

- 不要玩弄调料，如盐、糖、果冻包等。其他人会用到它们，他们可不想吃到你弄上的细菌！
- 不要在餐厅里跑。这种行为很粗鲁，也很危险。第一，你会挡住过道；第二，你可能会撞到热的东西或是尖锐的东西。
- 不要在吃饭的时候玩游戏、发信息或打电话。（你可以阅读更多关于使用电子产品的礼仪。）
- 不要在桌子底下玩。
- 不要喊、尖叫、哭或和兄弟姐妹打架！
- 不要张着嘴咀嚼。

复习餐厅举止好行为

游戏计划 #4：餐厅举止

1. 穿合适的衣服出席。

2. 穿衣指南：非正式，休闲，商务休闲，随性优雅和正式。

3. 你的行为举止要符合餐厅的风格。

4. 尊重和礼貌对待每一位餐厅工作人员，以及坐在我们周围的人。

5. 领位的工作是到门口欢迎你，邀请你入座。

6. 在你用餐的时候，服务员为你全程服务。

7. 尊重每一位在餐厅工作的人。

8. 菜单将食物分门别类。

9. 学习美食家常用的语言，理解餐厅术语。

10. 在点菜时，请坚定地、口齿清晰地、礼貌地表达。

11. 可以用信号示意服务员。

12. 用礼貌、善良和理解的方式处理问题，找到一个好的解决方案。

13. 一些食物可以用手拿着吃。

14. 用你最好的餐厅礼仪影响你周围的每一个人。

益 智

游戏开始了！

一起来练习！

第一部分：做还是不做？

填写"做"或"不做"。完成第一部分，可以获得 10 张奖券！

1. _____ 穿一条运动裤和脏衬衣去一家休闲餐厅就餐。

2. _____ 和朋友的家人出去就餐，点了三道菜，等他们付完钱，你可以想吃多少就吃多少。

3. _____ 请服务员给你拿一杯饮料。你说道："我需要一杯饮料，现在！今天太渴了！"

4. _____ 你们家提前去了预定的餐厅，你耐心地站着等待，直到餐厅完成餐桌布置。

5. _____ 你用手抓意大利面吃，特别是当意大利面从叉子上落下来的时候。

6. _____ 如果你希望牛排呈棕色，带一点儿淡淡的粉色，可以点七分熟的。

7. _____ 你在桌上边吃饭边玩电子游戏，因为干坐着吃饭很无聊。

8. _____ 吃饭的时候分享故事，这样边吃饭边交流会很有趣。

9. _____ 你的姐姐不小心把你的饮料弄洒了，你再点一杯新的。

10. _____ 你高高地举起手，目的是让服务员注意到你，或者吹一声口哨，吸引他的注意。

11. _____ 你从外面用小的叉子开始吃第一道菜。

12. _____ 在等菜的时候，你可以先吃一点儿面包。

第二部分：就餐角色扮演游戏大混战！

请家人朋友一起来玩这些游戏。

每个游戏都有一张奖券。你玩的次数越多，你获得的奖券也越多。

华丽的餐桌——为准备华丽的家庭聚餐，每周布置一次餐厅。假装你在休闲餐厅优雅地用餐，请注意根据场合穿衣，并且使用正式的餐位餐具，祝您用餐愉快！

着装忠告！ 为你的家人朗读一下穿衣技巧。快速地浏览，你可以去什么风格的餐厅，以及为什么。给一件东西命名，可以让你的着装看起来更好，可以是珠宝、鞋子、领带等其中的任何一样。

1. 牛仔裤和红 T 恤

2. 卡其裤和旧棒球衫

3. 沙滩裙和破球鞋

4. 带领结的衬衫和漂亮的短裤

5. 泳衣，赤脚

服务员，请。请你家中的一位成员来做服务员，被安排的人要为您点餐，做就餐服务。

角色扮演：

❖ 扮演一位非常难搞的顾客来餐厅就餐。你做哪些事情会让自己显得很粗鲁？会为难服务员？什么是不能接受的，为什么？

❖ 扮演一位非常礼貌的顾客来餐厅就餐。你如何表演会让你显得特别有礼貌。

第三部分: 你可以"发球"吗 ——获得5张奖券! ☺

1. 如果你点了一份开胃菜、主菜和饮料，这些食物会以什么顺序上菜？

2. 你去一个正式的餐厅，当你坐下的时候，看到有两副餐叉，你会用哪个？

3. 你有一盘大牛排，你应该怎么切？

4. "裹有面包屑的 Au Gratin"是什么意思？

5. 在餐厅里什么样的举止是最礼貌的？

6. 你的叉子掉到桌子底下了，你应该怎么做？

7. 服务员拿了一份带沙拉的鸡肉给你，而你点的是一份带薯条的鸡肉，你应该怎么做？

8. 你用餐结束后应该给服务员什么样的信号？

9. 短语"Bon Appetit"的意思是"祝您用餐愉快"，对还是错？

第四部分:
餐厅举止之字谜游戏——获得 5 张奖券！☺

（提示：可以参考下文提供的英文单词）

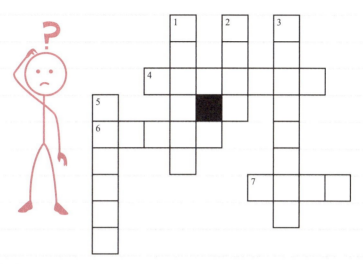

横向: ☺ ▷

4.用 _____ 跟你的服务员交流。

6.当你 _____ 的时候，意思要明确，说话清晰，做到有礼貌。

7.他的工作是在门口欢迎你，邀请你入席。_____

纵向: ⬇

1.在你用餐的全程，都在为你服务的人。_____

2.一份 _____ ，呈现了可选择的食物。

3.用礼貌、仁慈和理解的方式来处理问题，找到一个好的 _____ 。

5.这种餐桌布置方式在昂贵的餐厅经常可以看到。_____

单词: 信号（order），主人（host），服务员（waiter），菜单（menu），
解决方法（solution），正式的（formal）

第五部分：
餐厅举止之找词游戏——赢得 5 张奖券！☺

（提示：可以参考下文提供的英文单词）

```
S R Q M D Q C H Q T X T S O H
J D B Y O G J H W R S W P Z J
R E O W U K K A L A K H O V T Z
N E A O E N I V F R L G Y V F
V D S W F T E Y Q A G F E J O
J O J P E R Q M M Q U R E U R
C C W R E T E R X P C Y Z U M
J S U P Q C O G D A O F G E A
X S Y A I F T H N M R W J I L
Z E M A N N E R S I O R O D W
O R Q I X P L V Z R F L L S F
Z D P X V Z I Y I Y O I J O Q
D Q O F C H O V N F L N W E U T
Z H T S K P Q Y I H H W Z C T
S D O O F T L U C I F F I D H
```

有挑战的食物（DIFFICUL FOODS）	着装密码（DRESS CODE）
手拿食物（FINGER FOODS）	正式的（FORMAL）
主人（HOST）	非正式（INFORMAL）
行为（MANNERS）	菜单（MENU）
尊重（RESPECT）	服务员（WAITER）

124

益 智

游戏挑战的答案

游戏挑战

（#1）答案各有不同，请和教练（一名大人）商量一下。

（#2）1.B；2.C；3.A

（#3）1.****or*****，2.*or**

（#4）意大利面上的白色酱汁，是由牛奶、黄油和芝士做成的。

（#5）答案各有不同 请和教练（一名大人）商量一下。

（#6）1.d；2.c

（#7）跟服务员道歉，他会为你重新拿一杯饮料。

（#8）1.对；2.错；3.错

（#9）1.对；2.询问你的父母；3.对

游戏开始

第一部分：做还是不做？

1.不做；2.不做；3.不做；4.做；5.不做；6.做；7，不做；8.做；9.不做；10.不做；11.做；12.做

第二部分：就餐角色扮演

答案各有不同，请和教练（大人）商量一下。

第三部分：你可以"发球"吗

1.饮料、开胃菜和主菜；2.按照由外向内的使用规则；3.一次切几片吃，重复；4.棕色的带黄油的面包蘸着芝士；5.跟大人讨论；6.友善地跟服务员说要一个新叉子；7.用餐结束后放置好餐具；9.对

横：☺⇒ 4. 信号（signals）　6. 顺序（order）

　　　　7. 主人（host）

纵：⬇ 1. 服务员　2. 菜单　3. 方案　5. 正式的

第五部分：餐厅举止之找词游戏

```
S + + + + + + + + + T S O H
+ D + + + + + W + + + + + +
R + O + U + + A + + + + + +
+ E + O + N I + + + L + + F
+ D S + F T E + + A + + + O
+ O + P E R + M M + + + + R
+ C + R E + E R + + + + + M
+ S + + C O G + + + + + + A
+ S + + F T + N + + + + + L
+ E M A N N E R S I + + + +
+ R + I + + + + + F + + + +
+ D + + + + + + + + + + + +
+ + + + + + + + + + + + + +
+ + + + + + + + + + + + + +
S D O O F T L U C I F F I D +
```

（列，行，方向）

有挑战的食物（14, 15, W）

着装密码（2, 12, N）

手拿食物（11, 11, NW）

正式的（15, 4, S）

主人（15, 1, W）

非正式（4, 11, NE）

礼仪（3, 10, E）

菜单（8, 6, NW）

尊重（1, 3, SE）

服务员（9, 2, SW）

奖券积分排行榜

每完成一个挑战游戏或实践部分，请大人在奖券上打钩。你获得了多少张奖券？

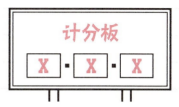

计分板

X · X · X

解密着装密码

匹配场合

非正式——保持本色

牛仔裤、短裤、长裤、运动裤、裙子、T恤、运动衫、长袖衬衫、带领圈的衬衫、毛衣、POLO衫、休闲鞋

休闲——舒适又体面

牛仔裤、短裤、长裤、衬衫、T恤、运动衫、长袖衬衫、毛衣、带领圈的衬衫、POLO衫、休闲鞋

随性优雅——穿着讲究，留下好印象

正装裤、针织连衣裙、派对连衣裙或短裙、毛绒背心、POLO衫、西装、西服衬衫、更正式的鞋子

正式——最让人印象深刻的着装

正式的裤子和衬衫，派对衬衫和裙子，西装、正式的鞋子（如果有疑问请大人帮助你！）

游戏计划 5：网络交流

目标：

如果我们把网络和礼仪结合在一起会得到什么？网络礼仪是技术和礼仪的结合，结合起来并不复杂，就是把尊重、礼貌、安全性和让周围的人感到舒服应用到技术上。成为一个合格的网络公民，你需要在网络上展示良好的性格并参考以下三点规则：

- ☑ 保证安全性和隐私性
- ☑ 保证尊重性
- ☑ 保证现实生活和网络交流时间的平衡

玩家任务：

- ✦ 网络安全基础
- ✦ 拒绝网络欺凌
- ✦ 网络交流基础知识
- ✦ 平衡时间

需要的组成部分：

- ✦ 你
- ✦ 父母、邻居和朋友

游戏玩法：

- ✦ 接受挑战
- ✦ 在完成挑战后需要一位成人帮你打钩
- ✦ 和教练（你的父母）兑换奖券，换取游戏奖品

游戏券目标： -------------------------------

游 戏 奖 品： -------------------------------

网络安全基础

> 保证安全性和隐私性。

我们上网时，需要保证安全性和隐私性。就像玩橄榄球一样，假设你没有护具并被蒙上了双眼，那么你肯定无法参加比赛。当你进场比赛时，你需要睁开双眼，戴上合适的护具。上网也是一样，需要双眼睁开并保证安全性和隐私性。

> **休息一下！**
> 问：电脑为什么生病？
> 回答：因为它留了窗！

隐私信息

> 你的详细个人信息不能在网络上分享。

何为隐私和个人信息？任何关于你的重要信息都可视为你的隐私，不可以被分享，就像你的教练是不会透露关于比赛的任何信息的，对吗？

- ✤ 姓名
- ✤ 父母的姓名
- ✤ 照片

- ✤ 你住在哪里—城市和具体地址
- ✤ 生日
- ✤ 电话号码

- ✤ 身高和体重
- ✤ 学校

> 仅浏览父母或老师允许登录的网站。不确定的时候，向一位成人确认。

非个人信息，如你喜欢或不喜欢什么，可以在网络上分享。举个例子，你可以分享最喜欢的冰淇淋或者广播里的一首歌。

安全网站

何为安全网站？父母和老师会帮助你判断哪些网站是具有教育性的、安全的和有趣的。安全网站不会让你感觉不舒服，它是专为孩子设计的网站且不会向你索要私人信息。进入安全网站通常需要你父母的同意才能进入。如果你觉得浏览的网站不正常，请立刻告诉父母！

密码和用户名保护

当你访问网站时，有时候你需要创建用户名和密码。这两者都

不能透露你太多的私人信息。例如，不应使用全名或者居住的城市名，密码除了家人之外不能告诉任何人。出于安全性考虑，要间隔一段时间就修改一下密码，以免被别人破译。

到了你发挥创意、构思一个独特名字的时候了！你可以使用颜色、动物、音乐、运动或者游戏等任何词，只要不透露太多私人信息即可。

游戏挑战 #1： 以下哪个是最安全的用户名或密码，为什么？

1. Butterfliesjan
2. Butterflies
3. Janesmith
4. Jsmithbutterflies

垃圾邮件和骗局

你听说过垃圾邮件和骗局吗？ 垃圾邮件指任何形式的不需要的网络通信信息——邮件、弹窗信息和文本等。很多电脑设有防火墙，但有时还是会被入侵。千万不要打开任何陌生人发来的邮件和附件。不要注册"免费新闻"，不要勾选"希望收到更新"选项。有些邮件、弹窗和附件会损害电脑。同时，要小心网络诈骗！网络诈骗一般针对的是没防备心的人，他们一般会向你承诺暴利。

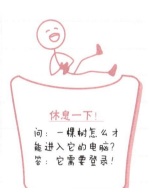

休息一下！

问：一棵树怎么才能进入它的电脑？

答：它需要登录！

游戏挑战 #2： 是或否。下列哪些信息可以在网络上分享，请选择是或否。

1. 你最喜欢的电影院
2. 你最喜欢的电影
3. 你喜欢何种宠物
4. 你喜欢哪种比萨
5. 你最喜欢的餐厅

分享前请三思

分享照片、邮件或附件内容前要想好，并且要征求别人的同意。

　　在发送前请三思！任何在网络上分享的信息都能被所有人看到。在分享图片、视频和链接时请回答一个问题："我的父母、老师和祖父母会同意我分享吗？"再强调一次，在网络上，任何事都是公开的。尽管你稍后删除了，但是你不知道是否有人已经复制了。在未征得家庭成员或者父母的同意前，不要上传家庭照片。而且千万不要打开陌生人发来的图片和附件。最后，未经他人允许，绝对不能转发他们的邮件、图片和附件。

保持警惕

在网上不要和陌生人说话！

　　网络上见不到彼此的真面目。任何陌生人都可以假装是你的朋友，而你却没办法知道他们到

底是谁，因为他们都在你见不到的电脑屏幕前面，这和你不能给陌生人开门是一个道理。我们不能和陌生人对话或跟随他们，如果有陌生人试图在网络上和你对话，请告诉家长。

游戏挑战 #3： 尼奇在网络上和乔聊天，乔告诉了尼奇他的住址、年龄和上学地址。乔问尼奇在哪里上学，尼奇应该怎么做？

1. 把住址告诉乔。毕竟乔把信息都分享给他了，如果他不分享的话太不礼貌了。

2. 告诉家长，不再和乔说话。

3. 告诉乔你不能在网络上分享私人信息。

拒绝网络欺凌

请不要加入网络欺凌，发现不合适的行为及时报告。

什么是网络欺凌？网络欺凌指的是网络世界里的暴力行为。网络欺凌可以传播谣言和谎言，它们有时候会发送一些刻薄的评论，用一些伤人的字眼，它们会取笑别人并无视别人的感受。

网络欺凌是使用电脑、电话和其他设备欺凌别人。可以是个人行为，也可以是集体行为。每个人都可能成为网络欺凌者，你不必非常强壮。欺凌行为可以是公开的、随时的，且会造成永久伤害！你不会喜欢所有人，正如不是所有人喜欢你一样，这很正常。也许你会嫉妒别人的长相、运动能力、智商或者友谊，但是这些并不能成为你加入网络欺凌的理由！

网络欺凌是公开的、随时的，且会造成永久伤害！

预防网络欺凌的一些方式：

❖ 表现良好的品行。

❖ 做自己——在网络上请做自己，说事实。只在网络上发表你可以在父母和老师面前大声说出来的评论。

❖ 有礼貌——发送友好的邮件和短信。如果你很生气，给自己一点儿时间冷静一下，以防发送一些生气的或者有威胁性的邮件或短信。

❖ 有责任心——如果你看到了网络欺凌，请告诉家长。

❖ 机智些——要自己做决定，不要加入消极的网络行为。

在网络上也要表现出良好的品行。做自己，有礼貌、有责任心。征得同意后才能发送图片等信息。

❖ 询问意见——发送图片或视频要征得朋友或家长的同意。

规则破坏者

❖ 不要在网上对别人骚扰、威胁、撒谎，或让别人感到难堪。

❖ 不要以冷眼旁观的形式参与欺凌。

❖ 当你生气或沮丧的时候，不要在网上发表言论。

❖ 不要在网上分享私人信息。

❖ 不要在不经他人同意的情况下，分享别人的照片。

游戏挑战 #4： 列出 5 种优秀网络公民的行为和积极的网络使用经验！

1.

2.

3.

4.

5.

额外加分： 你还能想到其他的吗？

网络交流基本知识

　　网络交流比面对面交流难度更大吗？对，因为不是面对面，所以你的身份、遣词造句很容易被他人误解。我们要更谨慎，要确保写的内容可以真实反映我们是谁。我们应该了解许多电子产品的局限性，使用时应该保持一贯的礼貌、友好和周全。

> 网络交流比面对面交流难度更大。

手机通话规则

　　手机可以让所有人即时通话。如果运动场上所有的选手都被允许把教练和小工具带上场，比赛就会被随时打断，设置简单的规则可以减少这种打扰。

良好的手机使用方法：

❖ 注意音量——在公众场合时注意降低音量。在剧场或餐厅时要把手机调至震动或静音模式，并且要选择合适的手机铃声。

❖ 集中注意力——用手机打电话的时候要集中注意力。在和他人面对面交流时要尽量避免接电话，如果不得不接听的话，先征求对方的同意，比如说："不好意思，我妈妈来电话了，你介意我接个电话吗？"

❖ 合适的身体距离——使用手机时要遵守"3米"法则。接电话时，和身边最近的人至少保持3米的距离，因为其他人对你的电话并不感兴趣。

> 使用手机的时候请注意礼貌、友好和周全。

❖ 关心他人，大方一点儿。如果有朋友想用你的电话联系他的父母，可以让他用你的电话给家里打电话。

规则破坏者

❖ 在漆黑的电影院里不要打开手机屏幕。

❖ 征得对方的同意后再将手机调至扬声器模式。

❖ 周围有人能够听到你说话的时候，不要谈论私人话题，没有人想知道你早晨吃得不合适然后吐了。

❖ 在以下地点不要使用手机：

浴室、电梯、医院、等候间、礼堂、学校、葬礼、婚礼、电影院、公交车、火车、飞机、图书馆、博物馆、教堂或其他宗教场所。

游戏挑战 #5：写下 3 个使用手机的良好习惯

1.

2.

3.

注意你的网络礼仪！

"TK- 你要来吗？（给我电话：）么么哒"

上面说的是什么？含糊其辞的交流习惯有时会导致对方误解。掌握通用的邮件拼写规则可以避免误解，因为你们进行的不是面对面的对话。

> 养成网络书面书写习惯可以避免误解。

良好的网络书写习惯：

❖ **回信**——收到邮件和信息时要回复，无论是正式请柬还是一句简单的问候等。别人对回复并不强求，但这不是我们不回复的理由。大家都很忙，但是回复一句简单的"谢谢"或者"好"会至少让对方知道你收到了信息。

❖ **检查**——发送邮件或信息时很容易写错。写完要检查一遍，并且使用拼写检查功能。对于邮箱地址 / 人名要反复检查。邮件要有主题，主题能让收件人不用猜测邮件的内容，举个例子，如果你对作业有疑问的话，就输入"作业问题"作为邮件主题。邮件要使用完整的句子，句子完整会使邮件的可读性更高。

> 发送之前停顿一下，仔细想想，注意礼貌了吗？

❖ **有礼貌**——在邮件或信息的开头使用礼貌的打招呼用语——"你好""谢谢"或者"你的帮助让我很感激"，又或者"很高兴收到你的邮件"，等等。一封得体的邮件通常会得到一个满意的答复！

❖ **长度太长？**——尽量不要太长，而且要切题。如果要写的内容太长，又很重要，那么最好打电话说明。一封邮件尽量不要超过 5 句话。

- ❖ **注意网络语言**——使用英文书写时，不要整篇使用大写字母，这样看起来像在大吼！如果是在开玩笑的话，请使用微笑符号，让对方知道你在开玩笑而不是觉得你很刻薄。
- ❖ **发送之前要想清楚**——如果你认为邮件内容会让收件人尴尬或被冒犯了，千万不要发送，发出的邮件是不能收回的。另外，在征得原发件人同意之前，不要转发邮件，因为那可能是封私人邮件。
- ❖ **不要怒气冲冲**——如果你感到很生气或者沮丧的话，请远离电脑。不要发送以后会让你后悔的内容。
- ❖ **别发垃圾邮件**——不要把玩笑或者连环信等发给所有人，因为不是所有人都喜欢收到这类邮件。另外，如果你的邮件带有附件的话，附件可能会传播病毒。同样，点击陌生人来件时要小心附件！看见垃圾邮件最好删除掉。

规则破坏者

- ❖ 不好的消息或者紧急事件不要发邮件，应该打电话或当面说。
- ❖ 不要写得太快，以免出现拼写错误或者写错收件人。
- ❖ 不要给朋友发送不合适或者尴尬的内容，会导致朋友陷入麻烦。如果收件的时候他的手机在桌上，刚好被父母看到了怎么办？
- ❖ 不要在公共场所发信息，比如，电影院、剧院、餐馆等。
- ❖ 如果有些内容你不会和别人大声讲，那就不要写。

游戏挑战 #6： 给朋友写一封邮件，使用你掌握的网络礼仪知识。

这条信息是什么意思？TY 到来。
L8R: ( )

解密网络用语

在此我们要介绍一种新的语言，叫作网络用语——由短句和表情构成的语言。从下方的图开始吧。祝你解密愉快！

学习网络用语，避免误解。

缩写	意思
TY	Thank you 谢谢
IMHO	In my humble opinion 依我拙见
TTYL	Talk to you later 下次再说
IDK	I don't know 我不知道
BTW	By the way 顺便说一句
LOL	Laugh out loud 大笑
CYA	See ya 再见
BRB	Be right back 马上回来
J/K	Just kidding 开玩笑的
OIC	Oh I see 我明白了
L8R	Later 再见
BFF	Best Friends Forever 一辈子最好的朋友
ILY	I love you 我爱你
B/C	Because 因为

表情	意思
:)	高兴
>:-(	生气
:( )	说个不停
:-9	好美味
:(	悲伤
^5	击掌
(()):**	抱抱亲亲
:-0	大吃一惊！
:0	震惊
@_@	疲惫，强打精神
:-@	大吼大叫

乐趣及游戏装备

你也许是个摇滚狂人，但是切记听音乐要分场合。在你需要集中注意力干别的事情时，要把"装备"收起来。比如，你正在参加你哥哥或弟弟的球赛，不要只是坐在那里听音乐或玩游戏，要关注比赛！

休息一下！
——咚咚咚！
——谁啊？
——拉迪奥（Radio）。
——拉迪奥是谁？不是收音机，我来了！

良好的装备习惯：

❖ **控制音量**——在公共场合尽量降低噪声。比如，你在乘火车的时候听音乐，要确定噪声不会太大，因为坐在你周围的人并不想听你的音乐。玩电子游戏也会打扰周围的人。

❖ **注意耳机**——戴着耳机低头听音乐，相当于对别人说"走开"。所以使用耳机的时候，要注意不会影响和朋友的社交。

❖ **暂停**——当他人想和你说话时，记得要暂停游戏或音乐。当一个新人走进房间时，要跟他打招呼。如果有人和你说话，要把两个耳机都拿下来。如果只摘掉一个耳机，说明你对话题不感兴趣，或者只听了一半。如果两个耳机都不摘的话，是对对方不够尊重。

> 控制噪声音量。在某些时候要暂停使用娱乐设备。

游戏挑战 #7： 你该做什么?

你在听音乐的时候遇见了朋友，你该怎么做？

1. 摘下耳机，和朋友聊天。

2. 简单点一下头，继续听音乐。

3. 摘掉一个耳机，边听音乐边和朋友说话

规则破坏者

❖ 在音乐音量很大的时候不要和朋友说话。

❖ 在玩电子设备的时候不要忽略他人。

休息一下！

问：为什么音乐家把笔记本电脑放入了烤箱？

答：他想把自己的唱片烧掉.

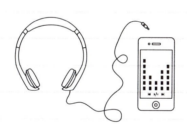

平衡好上网时间

科技很有趣，但是你必须平衡好时间。别忘了阅读，去户外，联想，进行运动和享受大自然！

减少电子产品的使用，平衡好生活。

游戏挑战 *#8*：发挥想象力！把你最喜欢的户外运动或活动画下来。

复习使用网络的好行为

游戏计划 #5：网络用语

1. 保证网络安全，注意隐私。

2. 你的个人信息不应该在网络上分享。

3. 只访问家长和老师许可的网站，不确定的时候，询问一下成年人。

4. 将用户名和密码保存好。

5. 不要打开陌生人发来的邮件、弹出窗口或附件。

6. 分享照片、邮件、附件内容之前要想好，要征得他人的同意。

7. 不要在网上和陌生人说话。

8. 不要参与网络欺凌，看到不合适的行为要举报。

9. 网络欺凌是公开又持久的。

10. 表现良好的网络人格是：做你自己，尊重他人，承担责任，征得同意。

11. 网络交流比面对面交流更难。

12. 使用手机时要保持礼貌和周到。

13. 使用规范的网络语言书写，避免引起误解。

14. 发信息之前，停下来想一下，注意规范了吗？

15. 学习如何使用网络语言，避免误会。

16. 使用电子设备时要注意降低噪声，在适当的时候要暂停使用。

17. 减少网络和电子设备的使用，平衡生活。

填入"做"或者"不做"，完成这个部分，可以得到 10 张奖券！

1. _____ 辛迪在电邮中写道："我正在办一个聚会，不欢迎你。"

2. _____ 辛迪在电邮中写道："我喜欢你的新发型。"

3. _____ 辛迪发信息说："谢谢你的建议。"

4. _____ 辛迪发信息说："你完成你的作业了吗？"

5. _____ 辛迪发信息说："你真是个怪胎。"

6. _____ 辛迪发信息说："今天我不想过去！"

7. _____ 辛迪发信息说："你真愚蠢！"

8. _____ 辛迪把你的账号和密码泄露给了你的朋友。

9. _____ 辛迪打开了一个来自陌生人的电邮或信息。

10. _____ 辛迪打开了一个来自朋友的有附件的电邮。

11. _____ 珍在网上与朋友聊天的时候收到一条消息，上面显示她的电脑坏

    了，需要再次输入上网密码，于是她输入了。

12. _____ 辛迪在网上与一个陌生人分享了她喜欢的歌。

13. _____ 辛迪在网上与一个陌生人分享了她最喜欢的老师。

第二部分:
你可以"发球"吗? —— 得到 10 张奖券!

1. 如果有人给我发了一条不合适的信息，我应该

   A. 不回复信息并告诉大人

   B. 告诉你所有的朋友

   C. 保守秘密

   D. 回复信息并告诉发送者应该停止发送信息

2. 如果我在网上遇到的人叫我保守一个秘密，不要告诉父母，那我应该:

   A. 保守秘密

   B. 告诉父母，因为别人不应该让我有不可告知父母的秘密

   C. 告诉所有的朋友

3. 当你设置一个邮件和短信的用户名时:

   A. 用你的真实名字

   B. 用一个不泄露你真实身份的名字

   C. 用一个含有泄露你真实身份线索的名字

4. 拥有用户名和密码后，你应该:

   A. 把它们告诉你最好的朋友

   B. 给任何向你询问的人

   C. 除了你的父母，不给任何人

5. 什么样的信息是可以在网上公开的？

    A. 姓氏

    B. 学校名称

    C. 最喜欢的电视节目

    D. 我的地址

6. 你在网上与人聊天，他说认识一些你认识的人。鉴于你们拥有共同的朋友，如果他找你要电话号码，你可以给他吗？

    A. 可以

    B. 不可以

7. 如果网上有人告诉你他们是八年级的，他们应该是多大年纪？

    A. 15

    B. 12

    C. 13

    D. 说不上来

8. 在什么情况下，你可以在网上给人发一张你的照片？

    A. 只有是学校作业的情况下

    B. 在房间里有一个朋友陪着你

    C. 父母同意

    D. 你要申请模特职位

第三部分：游戏大混战！

召集你的朋友和家人一起玩这些游戏。

每个游戏价值一张奖券，你玩得越多，得的奖券就越多。

这里没有现代科技！ 在家庭聚会时，放一个篮子，把所有家庭成员和来宾的电子设备都放到篮子里。

解码！ ——你可以破解密码吗？按顺序用网络语言测试你朋友对于科技语言和表情符号的了解。比如，这个符号（）代表什么？

预防网络暴力——角色扮演，你可以给一个不了解网络的人介绍网络，告诉他最重要的网上预防网络暴力规则。

网络暴力案例——乔治查看了他的短信，他刚刚写了一个关于猪的笑话，并且发给了五个朋友。大多数朋友回复的是 LOL（大笑）或是笑脸，但是最后一个朋友回复的消息是"乔治是头肮脏的猪！"

❖ 看到这条评论后，乔治感觉怎样？

❖ 如果你是乔治的朋友，你看到了他发出的消息，你会怎么回复？

❖ 乔治应该给所有人回复一段刻薄的话吗？

❖ 他应该怎么做？

电子书写——角色扮演，你的朋友刚刚收到他的第一个 iPod，她非常兴奋地开始给别人发信息，请给她五个优先的电子对话选项。

第四部分：网络用语之字谜游戏 ☺

（提示：可以参考下文提供的英文单词）

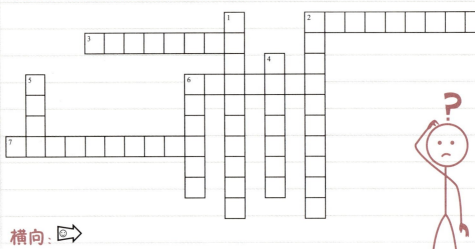

横向：

2. 在网上我们需要表现良好的 _____。

3. 我们用 _____ 写和说。

6. 关于你自己的重要信息。

7. 在关心别人的感受和健康时，我们需要保持 _____ 方式。

纵向：

1. 用一个词表达网络礼仪。

2. 网络世界中的一个暴徒。

4. 学会让现实生活和上网时间保持 _____。

5. 浏览网络上的 _____ 地址，集中注意力，使用正确的设备。

6. 网络是一个非常 _____ 地方，邮件、照片和评论是可以被所有人看见的，并且是永久的。

使用的词语：网络暴力（cyberbully），隐私（private），品质（character），礼貌（netiquette），平衡（balance），语言（language），尊重的（respectful），安全（safe），公开的（public）

第五部分：
网络用语之找词游戏——赢得 5 张奖券！☺

（提示：可以参考下文提供的英文单词）

```
I N T E R N E T S A F E T Y M
I T V Z E E N C X J S L B C N
C V B F V L S G A A M N C E T
Y G O B D N C P F T O D Z Y C
B L A E R Z N E O U Q I X M E
E V C Z C Q S E W N T K D D P
R Y O P E I S A T I S D A B S
B S F I T V M V C A C I S W E
U O D E C N A L A B V L B L R
L C S S S P A M S T I I S L A
L I C K P T Z J F A E R R K E
Y F O J I N S Q M H I X T P R
F T F G I M T E B I Z R T D R
J T I Q M H X J U F A S Z S D
A D P X W Q S A I C C W F I U
```

平衡的（BALANCED）   网络暴力（CYBERBULLY）

数字公民（DIGITAL CITIZEN）   邮件（EMAILS）

网络安全（INTERNET SAFETY）   隐私（PRIVATE）

尊重（RESPECT）   负责的（RESPONSIBLE）

安全地点（SAFE SITES）   垃圾邮件（SPAMS）

信息（TEXTS）

游戏挑战的答案

游戏挑战

（#1） 2. 蝴蝶 因为没有你的任何个人信息。

（#2） 1. 不是（这条信息展示了你的位置）2. 是 3. 是 4. 是 5. 不是（注意，这条信息可以显示你的位置）

（#3） 2

（#4） 答案各有不同，请和教练（一名大人）商量一下。

（#5） 答案各有不同，请和教练（一名大人）商量一下。

（#6） 答案各有不同，请和教练（一名大人）商量一下。

（#7） 1

（#8） 答案各有不同，请和教练（一名大人）商量一下。

游戏开始

第一部分：你说了算！

1. 不做 2. 做 3. 做 4. 做 5. 不做 6. 不做 7. 不做   8. 不做 9. 不做 10. 做，但是要小心！ 11. 不做 12. 不做，要小心！不要和陌生人讲话 13. 不做

第二部分

1. A 2. B 3. B 4. C 5. C 6. B 7. D 8. C

第三部分：游戏大混战

答案各有不同，请和教练（一名大人）商量一下。

第四部分：字谜游戏

横：➡ 2.品质　3.语言　6.隐私　7.尊重的

纵：⬇ 1.礼貌　2.网络暴力　4.平衡　5.安全　6.公共的

第五部分：找词游戏

```
I N T E R N E T S A F E T Y +
+ + + + + E + + + + S + + + N
C + + + + + S + + A + + + E T
Y + + + + + P F + + + Z + C
B + + + + + E O + + I + + E
E + + + + S E + N T + + + P
R + + + + I + + T I S + + + S
B + + + T + + C A + I S + E
U + D E C N A L A B V L B + R
L + S + S P A M S T I I + L +
L + + + + T + + A E + R + E
Y + + + I + + + M + + X + P +
+ + + G + + + E + + + + T +
+ + I + + + + + + + + + S +
+ D + + + + + + + + + + + +
```

（列，行，方向）

平衡的（10, 9, W）

网络暴力（1, 3, S）

数字公民（2, 15, NE）

邮件（8, 13, NE）

网络安全（1, 1, E）

隐私（14, 12, NW）

尊重（15, 9, N）

有责任的（5, 1, NW）

安全地址（11, 2, SW）

垃圾邮件（5, 10, E）

信息（10, 10, SE）

奖券积分排行榜

当完成每一个挑战游戏或实践部分后，请家长来检查，发放奖券。你有多少张奖券了？

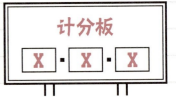

计分板

X · X · X

157

笔记：

我的电子产品使用条约

我保证负责任地使用所有高科技，包括手机、电脑、平板、Xbox、Wii 和所有我要访问的网站。请在下面的项目上打钩以表示你读过以下条目。

☐ 未经父母的同意，我不会给任何人我的地址、手机号码和学校信息。

☐ 未经父母的同意，我不会在没有见过真人的情况下交朋友。

☐ 我不会对互联网上的任何人恶语相加。

☐ 如果有人对别人的态度很刻薄，我会劝他们停止，并把这件事告诉我的父母。

☐ 如果有人在网上对我很刻薄，我不会理睬，但是我会告诉父母。

☐ 我不会为了加入某些网站或使用软件而在年龄上说谎。

☐ 使用科技时我将保持谨慎、尊重和深思熟虑。

☐ 我不会在没有别人允许的情况下将他的照片或信息转发给其他人。

☐ 如果一张照片中的姿势是我不会在父母面前做的，那么我不会分享这张照片给其他人。

☐ 没有父母的同意，我不会下载音乐、游戏或软件。

☐ 我不会在网上使用不恰当的语言。

☐ 我将会在第一时间关闭弹窗。

☐ 我明白人们并不总是像他们自己描述的那样，不是每个人都说实话，在网络上没有隐私可言。

☐ 没有父母的允许，我不会在网上注册任何东西。

☐ 如果网上有什么东西让我感到不舒服，如电邮或网站，我一定会告诉我的父母。

☐ 我将仔细保管我的电子产品，记住它们是昂贵的。

_____ _____
玩家签字　　　　　　　　教练签字

智慧成就证书

智 慧 成 就 证 书

获奖者为：

对你在游戏中表现出来的智慧表示祝贺！

签字

日期